Choi Young-Rok

시인 최영록

섬 휘파람새, 산골에 사는 까닭

시인 최영록 崔榮錄

전남 신안 출생
한양대 경영학과 졸업
동국대 대학원 문예창작학과 졸업
2008년 『시와시학』으로 등단
산문집 『발길 닿는 곳이 어디 오솔길뿐이랴』, 『뒤로 오는 동짓달 초사흘』이 있음
현재 한국시인문화연구소장, 한국산업문인협회장, 〈한국법률일보〉 논설위원

E-mail : choigoya322@hanmail.net

섬 휘파람새, 산골에 사는 까닭

지은이 | 최영록
펴낸이 | 김재돈
펴낸곳 | 도서출판 시와시학
1판1쇄 | 2011년 11월 10일
출판등록 | 2010년 8월 10일
등록번호 | 제2010-000036호
주소 | 서울 종로구 명륜동1가 42
전화 | 744-0110
FAX | 3672-2674

값 8,000원

ISBN 978-89-94889-26-9 03810

최영록 시집

섬 휘파람새, 산골에 사는 까닭

Poetics 시학

■ 시인의 말

그것은 어쩌면 안감망安敢望이었는지 모른다.

결코 가지 않아도 되는 길, 하지 않아도 되는 일이었다.

그러나 끝내 접어 버릴 수 없었던 시인에의 꿈이었다.

멀수록 향기롭고 새벽 물안개 속의 닫혔던 속마음이 열릴 때 퍼져 나오는 은은하고 싱그러운 울림을 주는, 그런 시인이 되어야겠다고 하많은 날 자신을 다그쳤다.

그러한 연유로 내 주위를 떠도는 모든 것들과 대화하기 위하여 항상 귀를 열어 두고 하얀 종이를 마련해 두었었다.

늘 부대끼며 살아가는 힘겨운 삶의 행간에 몰래 접어 두었던, 절박한 순간의 슬픔까지 후벼 내어 귀담아 듣고 싶었기 때문이다.

이제 솔잎의 날카로움보다 더 첨예한 여백의 사유와 선율의 자진머리를 듣고 교감하는 일만 남았다.

귀 기울이면 한지에 번지는 먹물 소리마저 들릴 것 같은 현묘玄妙한 떨림의 아우라가, 상처받고 소외된 이 땅의 많은 사람들을 대신해 아프고 보듬어 주기를 바라면서……

2011년 11월
삼두제三頭齊에서
최영록

차 례

제1부 그 또한 내 마음이려니

제2부 허수아비, 빈집 도착하다

제3부 어느 침묵이 저리 자유로울까

제4부 너는 문이면서 문이 아니다

제5부 찰나의 빈틈을 위한 파반느

제1부
그 또한 내 마음이려니

그 또한 내 마음이려니

마른 햇살들 으스스
웅크린 담벼락에 떨어진다
바싹 마른 귀뚜라미 등짝 위
가랑잎 한 잎 툭, 떨어진다
토실한 벌레들 나무 구멍 땅 구멍
온몸으로 따스한 구멍 찾아든다
모두들 떠나고 제 집 찾는 계절의 막장
찬 기운 여윈 마음 얼어붙는
상강霜降
서리 맞은 이파리들
선명하게 멍울지는 아픔
갈 데 없는 꽉 찬 그리움

바람의 섬

수천 비단길 낭떠러지
노을 끝자락
돛배 하나 다림질하네

밤새 낚싯줄을
팽팽히 당겼다가
손 얼레로 풀어 놓았다가
새벽녘에 건져 올린
달빛 두어 겹

바다의 뜨락에서는
기억력이 좋은 파도만 노니는데
해수면의 파업인가
주인 없는 섬 한 척 떠 있네

서해안 가는 길

타향 벗 셋이서
하룻밤 발길 닿는 대로 가자며
떠난
해거름의 서해안 길
널브러진 섬이 저 가부좌 튼
섬으로 이어지고
섬과 섬 사이를 잡아당기는
낚싯줄 활시위에 팽팽히
끊어진 뱃길에 노둣돌로 피는 갯안개
갯벌을 다듬질하는
소금밭 포구 사이에서
여릿여릿 간수로 자라는 마중물만
바다를 맴돈다
세 개의 섬이 되어

항해일지

1

새벽을 끌어안고 잠든 아내의 얼굴에서
곰삭은 시간의 새우젓 냄새가
모락모락 피어오른다

천년 바윗돌 같은 날이 또 밝아 오는가
신우댓잎 사각사각 몸뚱이 일으키는 소리
거칠게 들썩이는 아내의 가슴팍에
돗바늘 자국이 꿈틀꿈틀 기어가는

2

여덟 쪽 누비이불을 여며 주고
새벽 골목 수로로 빈 배를 밀어 넣는다
흰 파도 떼가 철썩철썩 뱃전을 물어뜯는다

이곳이 대체 어느 바다의 북방한계선인가
뒤척이는 파도 높이는 오늘도 예측불허
돌풍은 수시로 몸을 바꾸는데

폭풍전야 이 한 세상
빼걱거리는 쪽배에 찢어진 돛을 올린다

눈 내리는 목포항에서

임자도행 오후 배는 좀처럼 떠나지 않았다
삐걱거리는 한양호 부둣가 잇새 뜬 발판 위에는
정처 없는 갯눈발이 발등을 어루만지고
궁둥이가 맞닿은 매표소 귀퉁이에는
반쯤 기운 연탄난로가 가쁜 숨을 몰아쉬고 있었다

끝끝내 삼학도 앞바다에 뛰어들지 못한
목포는 삶의 벼리를 놓기보다는
먹물먹물 옹이 지는
맺힌 가락을 휘파람으로 꺾어 가기에
더 어울리는 땅끝

세 들어 살아온 매 발톱 날을 떠올려 보아도
밀물과 썰물 위로 멀어져 간 사람들이 너울거려도
유달산은 떨어져 나간 바윗돌을 껴안고
그 끝없는 시간을 깎아 내고 있었다

활화산처럼 용솟음치는 하얀 뱃고동 소리

바다 건너 고하도 갯바닥 운저리* 한 묶음
홍어 썩는 냄새와 갯비린내 한 망태기를
허리춤에 꿰차고
막배를 타야 하는 도시의 화전민
파랑새 담배 연기 속에서
여객선은 용머리를 지나 뒤뚱거리는 몸짓으로
섬과 섬 사이
뻘파도 황량한 육지를 향해하기 시작했다

* 망둥어를 일컫는 전라도 서남해안 지방 토속어.

내가 섬이 되는 섬
— 격렬비열도

지금도 올망졸망 섬들이 풀씨처럼 널려 있겠지
신진도—가의도—단도—궁시도—난도—병풍도—석도—우배도—격렬비열도
시방도 간간이 등대 머리에 질펀한 파도 이랑 새겨 놓고 가는
물거울에 비친 날 한 달에 단 한 번 태안에서 두어 시간
뒤뚱거리는 낚싯배에 외로움이나 그리움들 옹기종기 모여
저마다의 매무새로 떠나온 곳과 가야 할 곳의 적재단위만큼
망망하고 막막한 갯바람에 일렁인다

기지개 통통통통 뱃소리도 반가워 맺힌 가락을 휘파람으로 꺾어 가는 곳
바다 날던 박새 찌르레기 칼새 가마우지 괭이갈매기
뱃머리에 실려 모두 섬으로 내려앉아
섬개비 갯동백 유채꽃 억새꽃 망초들과 한바탕 바다가 출렁이도록 춤을 춘다

육지 그리며 귀머거리 된 삽살개 영혼을 달랜다
절벽서 떨어져 곱사등이 된 독새우 꽃새우 곤쟁이새우 송장새우
바다가 비좁다고 등 구부리고 꿈틀대며 신음하겠지
밤낮없이 임자 없는 바다 넘나들던 산둥반도산 농어 대구 물메기 놈치들
지금쯤은 낚싯줄을 피해 해녀 막사 홈통에 자라목으로 엎드려 있겠지
외로움에 절고 절어 섬을 맴돌던 바다는
적막과 멀미가 서늘한 눈으로 가파른 갯바위로 기어오르겠지

밤하늘의 별들을 사랑한 만큼
손에 잡힐 듯 은비늘이 마구 쏟아져 내려오는 곳
흩어진 심들이 뭍으로 열 지어 나는 길목에
현무암 유문암으로 격렬하게 항거하는 한반도의 서녘 끝
도시의 화전민들 몰려와 파도보습으로 섬을 쟁기질 하는

문득 깨달았지만
처음부터 그곳에 있었던 섬
나도 섬이 되는 섬
가의도리 산 28번지

격.
렬.
비.
열.
도.

격렬하게 오늘도 몸부림치는

걸어서 바다를 건너는 법

뻘 속에 가만히 온몸을 내맡기면 되는가
몸뚱어리를 꽁꽁 붙들어 매는
그물코 세상을 잘 빠져나가기 위해서는
바다를 건너가는 법을 터득해야 한다는데
갯벌을 잘 다스려야 하는 법이라는데
먼저 발목의 힘을 빼고
깊숙이 내딛는 게 아니라
살짝살짝 게걸음으로 나아가야 오래 갈 수 있다는데
짱뚱어가 갯벌에 벌러덩 누워
뱃가죽을 빵빵하게 부풀려 차오르듯이
발가락을 꼬물꼬물 갈퀴걸음으로 걷다 보면
바다 저편에 도달해 있을 것인가
죽을 때까지 그 느린 속도로 허우적거리는
물컹물컹한 영혼의 표면장력
온몸으로 파도 이랑은 너울거리는
하늘 지붕을 이지 않는
저 나비처럼 가벼워질 수 있다면

고래여 고래여

덩치 큰 순서대로 고래가 사라져 갔다
대양고래 참고래 혹등고래가 감쪽같이 사라졌고
밍크고래 상괭이까지 사라졌다

그 고래가 떠나 버린 바당*에는
멸종 위기 강돌고래 귀신고래가
부르튼 등짝 위에 작은 분무기를 달고
마른하늘을 향해 푸우푸우 물줄기를 쏘아 대고 있다

누군가는 목부레를 부풀리며 말했다
우리들의 고래는 이미 사라져 버렸다고
죽어 가는 고래의 중이 내이 부이공 속에는
펀드선충 주식조충 로또편충 카지노촌충이
촘촘하게 부글거리고 있다고

소리를 이용해 바닷길 찾아가는 이빨고래는
태평양발 음파가 세상을 교란시키면
용궁 방송국에 주파수를 맞출 수 없는지라

휴대폰 텔레비전 컴퓨터 중파 단파 초단파
스위치를 모조리 꺼야 한다고
허둥지둥 방향 못 잡는 우두머리 고래
길 찾는 능력 잃으면
바로 고래의 떼죽음에 다름 아니라고

삼동에 푹푹 찌는 때아닌 열섬현상
맥없이 삶을 포기하는 저 북극의 얼음동산
일용할 양식 크릴새우 먼 길 떠나면
바다 광야를 휘저어 더 멀리
탁발할 양식을 찾아 항로를 수정해야만 하는
고래여 이 시대의 고래 떼여

* 제주도 전역에 널리 퍼져 있는 민요 「서우제」에 나오는 한 대목으로 바다를 일컫는 토속어.

목선 한 척 길을 잃다

— 배무이* 신영수를 노래함

대학 강단에 섰다 중학교 작파한 배무이가 목포대 군산대 제주대 대불대 대운동장에는 뜨는 해 지는 달이 함께 노니는 바다가 일러 준 수평과 수직을 옹골차게 짜 맞춘 목선 한 척이 조금발을 타고 마른 파도에 넘실대고 있다

"바다마다 성질이 다 달라야. 동해는 앞 파도가 거칠고 물살이 징하게 빠르지. 그런 바다에서는 선수를 높여야 침몰하지 않는 거여. 알기나 혀? 서해는 북서풍, 남동풍이 만날 부니께 옆 파도가 오지게 드세부러. 배폭이 넓어야 혀. 앞머리는 자라목으로 잔뜩 낮춰야 허고……"

목포 제일가는 배무이 집 통사정해 들어가
종살이 십여 년에 물려받은 현도법現圖法 교본
물에 대한 저항계수를 줄이는 게 배 만드는 요체라고
저항을 못 이기면 배는 갈앉는 법이라고
저항계수가 0인 배는 없는 법이라고
그러면 그게 배가 아니고 뭣이냐고
뜨는 게 아니라 훌러덩 날아가 버린다고
사람 사는 이치도 꼭 그러하다고

조선소 불태워 보내고 석삼년 종살이에 깨친
배 뭇는 법 자식뻘 아이들에게 모두 풀어 놓았다
갯바람에 목주름 이랑이 돛폭으로 투레질하는
배무이 얼굴이 희떠운** 부력으로 일렁였다
자기 좋아서 자기 일 하고 사는
돈만 빼놓고 다 있는
놀러 가도 늘 바다로만 가는

배곯아 시작했지만 시방도 배 뭇는 일이 더 좋은
쪽배가 길 떠나는 그 느리고 헐렁한 바다는
어기야디야 대패질로 다듬질한 수천수만 마지기
파도 밭의 흐드러진 흰 갯메꽃 무더기라고
삼학도 엄지발가락에 차인 제재소 집 머슴 끝둥이
납 신申에 헤엄칠 영泳에 물가 수洙 자를 쓰는
천생 전설의 배무이 내리머슴 신영수 화상이라고

* 조선造船의 문화어文化語. 배 뭇는 일. 배를 만드는 일. 그 일을 하는 사람을 뜻하는 북한 말.

** 몹시 궁하면서도 소인과 같은 행실이 없이 손이 크며 마음이 넓은.

어느 노을 찾아가시는가

— 소치 탄생 200 주년을 그리며

참살이섬 갈매기 소리
허공에 난을 치시더니

먹빛 고운 남종화 한 폭
그물 망태기에 담으시더니

어느 노을 찾아가시는가

늙은 어부 정이
진도 씻김굿 열세 거리
외진 갯섬처럼 넓고 깊어 가는데
운림산방마저 그리 으릇하시던가*

울돌목 마파람으로 물목을 여는
홍국 목백일홍 일어서는 초당 가
먹물먹물 옹이 지고 뒤척이다가
어둠 밀어내는 속눈썹
새하얀 한밤을 벗겨 내시던가

아직도 옥주沃洲**만 갈바람 이리 맑은데
갈댓벌 모래언덕 저리 고운데
첨찰산 먼 끝자락
쌍계사 뒤안길
운림지 백일홍은 피고 지는가

---

* 외롭고 쓸쓸하다.

** 진도의 옛 이름.

다시 세한도를 그리며

— 완당을 찾아서

좀처럼 열리지 않았다 바닷길은
육탈되어 쪼그라진 바람과 햇볕
표류하는 섬 한 둥치 움켜쥐고
지친 파도만 혓바닥을 널름대고 있다

누군가 대정읍성 위리안치 허리춤에
찢어진 만장을 걸쳐 놓고
들이치는 갯바람에 핏몸뚱이 태우는가

사람은 가고 구절초만 남았는데
예도옛날 관망요* 한 마당 불러내어
노을은 띠눌** 위에 저리 불타는가

포구너머 소나무 잣나무 거문고 추임새 소리
제주 별도포가 여긴데
소안도—완도—보길도 건너
뭍바라지 바로 저긴데

널브러진 뱃길 한 줄 왜 저리 천 리 길일까
귤중옥*** 빗장 열고 돌하르방 손짓해도
백리향은 제 갈 길을 말하지 않네

---

* 조선조 제주도 여인들의 주요 수공예인 갓일의 고달픔을 달랜 노동요.

** 볏과의 여러해살이풀을 베어서 쌓아 놓은 더미.

*** 추사가 제주 유배 당시 기거한 초막에 손수 지어 내걸은 당호.

바다는

— 부남군도에 부쳐

갯벌을 뒤엎고 물결치는 바다에 비하면
육지의 입질은 얼마나 가소로우냐
저토록 오랜 나날 섬을 맴도는 바다를 보면
육지의 삶은 또 얼마나 새털 같은 것이냐

파도의 고향을 찾아서

군더더기 하나 없는
하늘 바닷길에
촘촘한 저 해송 이 세상 풍경 아니다
모래톱 등성이마다
톱질하는 파도달빛이 이슥하다

먼 바다 진군해 온 어둠 사위 한입 물어 삼키고
바닷새 울음소리 접고
노을 한 자락 물어 와 둥지 틀고
온밤 내
파도갈퀴로
바다 밑바닥을 되질하네

소금꽃

— 소금에 관한 명상 · 1

고요의 원주율이 경계를 이루는
절대고요는 존재하는 것인가
고요 속에도 간이 스며 있는가
사람 발길 멎은 산간의 무한고요
바람 깃든 절간의 천근고요
비워 버린 충만으로 넉넉하고
무량한 주림에서 향기롭다
사람이 간 든다는 것
마지막 졸여지는 해산 뒤에
세간의 문턱을 넘거나
해탈의 누더기를 걸치는 일인가
간잽이 없는 세상에서
간간함을 간직하기 위한
희멀건 건수를 걷어 내고
세상에 고요로 간을 친다

소금화석

아득하게 시린 삶을 데우는 소금인형
오, 부패한 영혼을 절이는 보석이여

그래도 소금이 온다

소금 창고 뒤켠 말랑말랑한 햇살에 몸 담근다
이 빠진 수차 발판 사이로 흐르는 바람의 갯골
소금밭 끄트머리 내달아 따가운 볕 얼간한다
소금사내 고무래로 바닥에 엎드려 소금인형을 만든다
창고 양철 지붕 위 폐타이어 속도를 잃은 채 누워 있고
고라니 한 마리 갈대숲으로 황망히 몸을 낮춘다
깨어진 옹기 조각 발바닥 간질이면
아무르불가사리 별불가사리 긴팔거미불가사리
화들짝 놀라 또르르르 몸을 말아 올린다
내 삶의 염도가 덩달아 높아진다
수만 리 바닷속 깊은 곳
누구에게도 내보이지 않던 하얗게 뒤척이는 파도 속살
태양 볕 거저 쬐는 것만으로 소금꽃이 핀다
거품이 무거워 숨죽이는 소리에
보름새 결정지에 소금이 난다
삐걱거리는 수차 밟고 또 밟아도
두 이레 만에 되돌아오는 쓰라린 제자리걸음의 소금쟁이

갯메꽃 칠면초 나문재 퉁퉁마디 호명하며 덜커덩거리던
수인선 협궤열차 멎은 지 오래
길 아닌 길 위로 그리움은 사리 떼로 밀려오고
마지막 남아 대기발령 중인 시흥갯골 소래염전
그래도 햇살로 빚고 바람으로 영그는 소금이 온다

제2부

허수아비, 빈집 도착하다

쟁기와 노인

노인은 아침마다 구부러진 황톳길 몸을 갈아엎는다
밤새 풀잎에 돋아난 이슬을 배웅하고
지게 위 묵직한 하루의 나뭇단을 쌓아 올린다
쟁기보습에 깊숙이 골 박힌 흔적들
그 바탕쇠로 온 땅에 지문을 찍는다
쟁기가 밭고랑 할퀴고 지날 때마다
노인의 참새 다리가 절름거리고
곧게 내리던 햇살도 굽은 등짝 위에서
한 번 더 휘파람으로 꺾이고 있다
길 아닌 길 밭두렁이 산허리를 감아 안듯
노인은 차츰 그렇게 활등을 닮아 가고 있다
이랴이랴 소몰이 쉰 목청이
비탈진 밭뙈기를 들판으로 끌어내고 있다
돌부리 자갈밭에 지쳐 뒤뚱거리던 황소가
아랫녘의 밭두둑을 다 지고 나올 무렵
몰고 온 소고삐로 노인은 철썩 뱃가죽을 내리친다

그리운 구멍

— 구멍론 · 1

살살 돌려 줘야 빠져나온다
빽빽한 수풀로 얼기설기 찢어진 그것은
두 손가락으로 조몰락조몰락 드나들면
이윽고 스르르 입을 벌리는 배암의 대가리
구멍 속에 주둥이를 허방으로 꼬라박고
빙그르르 엇박자로 들락거리다 보면
비로소 구멍은 입었던 몸을 벗어 놓고 바라본다
나를 입고 버거웠을 옷 팽팽하게 조여 오던 숨 막힘의
덮개를 열고 갸웃갸웃 고개를 내민다
골무처럼 아려 오는 손끝에서
한 땀 한 땀 기워진 시간의 올을 모아
제 상처로 누더기뿐인 몸뚱어리 허물을 덮는다

단춧구멍은
내 삶의 단춧구멍은

그리운 지옥
— 구멍론 · 2

내 삶을 들끓게 하는 저 빽빽한 생의 동굴 속에
가쁜 숨을 헐떡이며 푸욱 밀어 넣는다
아! 짧은 탄성
긴 놈 짧은 놈 굵은 놈 가는 놈
배암 대가리 휘두르며 곧추세워
갈라진 무딘 삽날로
손길 닿지 않는 깊이의 막장까지 후벼 돌린다
산다는 게 하루치를 우려먹는 일인데
아침부터 부르튼 발바닥 사이로 이우는 저녁까지
음습한 동굴 속에 처박고 탁발한다
더 깊이 내질러라 삽날이 휘어지도록
다시 불뚝 세워라 풀죽은 저놈의 뱀
캄캄한 미로 속으로 들어가 오랜 불면의 밤을 밝히고
불끈불끈 세워야만 독야청청 살아남을 수 있나니

컨베이어 벨트 위에 한 생애를 부린 구멍 난 장갑
이윽고 손가락식솔 밀쳐내고 하루의 허물을 벗는다

그곳에서는 밤마다 피조개를 깐다
— 구멍론 · 14

이야기 하나, 노량진 수산시장 좌판대

밤낮으로 몸을 팔다 온 피조개 아직 물오르지 못해 비릿하다 아가리 한껏 오므렸다 편다 밥은 피조개 밥 대신 암깃과 수깃이 쭉쭉 빨아 대는 진류의 본능에 감전되는 조갯살, 말랑말랑한 동토의 처녀막이 도시 변두리로 보상금도 없이 밀려났다 파도 마름질로 짓무르는 피가 뻘파도로 튀어 오르는 저녁답

이야기 둘, 두부처럼 잘려 나간 골목 입구

비켜선 불빛 아래 등대지기는 뚜우~뚜우~ 뱃고동을 울리며 밤마다 삐끼를 한다 끝물에 패총을 찾는 행인들에게 유통기한이 짧은 노랫가락을 방류한다 등짝 시커멓게 그을린 피조개는 밤마다 검은 비닐봉지에 나포되어 어디론가 팔려 나간다

이야기 셋, 육탈된 몸뚱이 하나

더러는 몇 개의 골편으로 남아 죽음의 등껍질 경첩을 열었다 닫는다 불안은 늘 물결 이랑에서 파도처럼 뛰어 다니고 갯벌 속에서 조개들의 검은 음모가 소름소름 돋아나고, 뭍으로 돈벌이 나간 누이는 술 취한 바다가 갯물을 뒤엎어서인지 끝내 돌아오지 못했다

이야기 넷, 흐느적거리던 파충류는

표면장력을 거부하는 열쇠 구멍 속으로 하나둘 빨려 들어갔다 이끼 낀 조개껍질을 벌리려는 칼날은 무뎠고 시뻘건 녹물이 뚝뚝 떨어지고 구멍은 오므라진 지 오래, 밤마다 막대기 몸피가 벗겨지면서 새살이 돋아나고 한 줄기 건들바람이 낮은 포복으로 눈덕 언저리를 두리번거리다 자객처럼 사라져 갔다

세상의 작은 블랙홀들
— 구멍론 · 15

무를 뽑아낸 자리 구멍 하나 캄캄하다
우주의 블랙홀인가
귀신고래 등짝 위를 솟구치는 블로홀인가
건빵에 나란히 찍히는 곰보 구멍 두 개
가오리연에는 없지만
방패연에만 뚫려 있는 속없는 저 구멍

왜 뚫려 있을까
어째서 거기만 푹 파였을까

혓바닥으로 후비고 싶은 도넛 구멍,
우표의 경계를 사열하는 점선 구멍,
온갖 구멍을 다 받아들이는
동네 목욕탕 동그래의자 발가벗은 구멍, 구멍들
난로 위에서 달그락 달그락거리다
송곳에 내리찍혀 숨죽이고 있는 저 주전자 구멍,

사형수들 목 빠지게 기다리는 올가미 구멍
250m/m 막장 속을 한사코 뚫고 나와
엄지발가락을 밀쳐 내는 양말 구멍
빈집 바람벽에 뚫려 있는 저 구멍, 구멍들은
세월의 쥐구멍인가 찍찍거리는 벽 구멍인가
내 인생은 온통 구멍 세상인가

21세기 명심보감
— 구멍론 · 16

1

구멍은 없애는 게 아니라
한평생 메우고 덮어 가야 할 것

뚫린 구멍 감싸 주고
새 구멍 내는 일
없애야 할 것

도넛 구멍만 들여다보지 말고
먹음직한 둔덕 수풀을 볼 것

2

동그라미 숫자만 밤새 헤아리다
멀어 버린 두 눈
아가리 벌리고 있는 엽전 구멍으로
세상 탐욕 모두 쏟아 버릴 것

몸뚱이 텅 비움으로
십 리 밖 맑은 소리 만들어 내는
목탁 구멍 속의 새소리
소박한 세상 진실을 깨우칠 것

만약 엽전에 구멍이 없다면
— 구멍론 · 17

돌고 도는 돈이기에
오늘도 세상을 돌리고 있다
부자가 거지 되고 가난뱅이 졸부 되고
엽전의 톱날에 몸피 잘리지 않는 자 그 누구인가

하늘 본뜬 둘레
땅을 본뜬 네모난 구멍

너무 많게도 말고 너무 적지도 않게
평준을
유지하라는

상평常平의 교훈!

펑펑 구멍 뚫는 재미로 오늘을 사는가
— 구멍론 · 18

눈앞에 있는 것이면 모두 뚫는다
숭숭 구멍을 뚫어 구멍을 통해
빠끔빠끔 바라보는 세상 또 다른 시간의 아우라

포근한 눈송이, 두꺼운 세상과 맞서
송곳보다도 넓고 깊숙하게
광막한 동토의 처녀막을 뚫는다

유일한 세계의 정복자
은백색 이명耳鳴으로

폴폴폴
스, 스, 스, 스
혓바닥 착암기로 뜨겁게 너를 뚫는다

쇠양치* 코뚜레

아버지는 우시장이랄 것도 없는 시장판에
여물만 축내는 늙바리** 황소를 내다 주고
쇠버짐 채 가시지도 않은
쇠양치 두 마리와 맞바꿔 오던 날
한사코 버티는 쇠양치를 이끌고 갯밭으로 나가셨다
낭창낭창한 찰밥나무가 쇠코뚜레로는 그만이지
아버지는 엇나가게 낫질한 나뭇가지 들이대며 휘었다
천둥벌거숭이 쇠양치 코청 힘겹게 뚫리던 날
쇠양치 울음소리 찰밥나무 활등으로 튕겨졌다

문설주에 덩두렷이 걸려 있는 그 코뚜레 너머로
어미 소 울음소리 멎은 지 오래인 외양간
싸득싸득 여물 써는 소리가
무쇠솥 뚜껑 이마받이하는 쇠죽 익는 냄새가
두엄 냄새 데리고 깐닥깐닥 쇠지랑물 데리고
가끔은 제대로 걸려 넘어져 줄 돌부리를 지나

이랴이랴 대문 안으로 쟁기질하며 들어선다

* 송아지를 일컫는 전라도 해안 지방 토속어.

** 늚다리를 일컫는 전라도 서남해안 지방 토속어.

빈 가방

육십갑자 힘겹게 치달아 온 날들
옆구리에 가랑잎으로 붙어 다니던
낡은 서류 가방 하나 책상 위에 쪼그리고 앉아 있다

아직 튼실한 어깨끈과
한참은 더 견딜 만한 멀쩡한 손잡이가

중천에서 내리꽂는 햇살 촉을
손차양 손차양 거부하면서

두 눈 치켜뜨고
여봐란 듯이 가부좌로 있다

인생, 제한시간 10분 초과

인생사 바둑판에 흑묘백묘 어르릉아르릉
입단 못한 1급짜리 바둑이들 어슬렁 어슬렁거리다
반 집 차 목덜미 물려 개 팔자로 곤두박질!

아마 초단에서 7단까지
두루뭉술 1급 인생
실력 차 천차만별 자칭 1급이 5단 잡네
잘난 체 우쭐대다가
천 길 벼랑 낭떠러지 오리알 신세

세상사 그물망에 꼼짝없이 갇힌 몸이
허겁지겁 샅바 잡고 빗장걸이 시도해 보지만
싸움판 제한시간은 이미 초읽기로 내몰리네

들꽃의 일생

당신은 들판으로 시집와
가슴에 수북이 곡식을 키우는
황량한 들벌이 되었다

새벽마다 어둑어둑
들길 종종걸음으로 찬이슬 털며
논밭에 나가 곡식들을 깨워 놓고
큰 산 수문골 정수리에 해 오르면
아침밥 후다닥 개 눈 감추고
잰걸음으로 품앗이 길 내달았다

무논에
못줄을 넘겨라 모를 꽂아라
한숨에 튀어 나간 땀방울에 샛밥 말아
가뭄 탄 목구멍에 후훅후룩 밀어 넣고
논두렁에 빨래로 등허리 걸치다
오늘도 발길보다 앞서 간 어스름 노을 따라
녹초가 된

마른 막대기 같은 몸피를 눕히는

당신은 경주최씨 문밀공파 종가 며느리

허수아비, 빈집 도착하다

누굴 기다릴까
가을 늦을 녘
도시로 나아간 화전민 집 감나무 하나
빗장 열린 문간에 기대어
밖을 내다보고 있다

골목 틈새 대숲 비켜선
해 거른 감꼭지가
자꾸 흘러내리는 햇살을
하늘 층층대 위로
끌어올리고 있다

저녁나절
철 잊은 건들바람이
두 평 원두막 툇마루에 내려앉은
노을빛을 담벼락에 덧칠하고
꾸벅꾸벅 절하며 지나간다

꺾인 몸으로 몸의 물목을 여는

혜화동 모롱이 접어들 때마다

뜨문뜨문 걸려 있는

감꽃 초롱불빛에

잠들었던 한 세상 마당귀가 환하다

그 빈집에는

보리이삭 사이로
까실까실 봄이 익는다
모서리가 닳은 세월이
신발도 없이 거기 서 있다

자식들 들풀처럼
수북수북 길러 놓았어도
지게통발 괭이자루 쟁기보습은
산내음 삭아 내리는 헛간에서
몸살을 앓고 누워 있다

토담 삼 칸
흙벽 숭숭 뚫린 빈집에는
산벚꽃이 지천이고
삼베적삼 또르르 말린 할머니는
두엄 냄새 절고 절은 보따리를 끌어안고
뽀얀 먼지 속으로 허튼 발길을 내민다

아파도 울지 못하는 주인 잃은 비탈밭
꽃을 피우고 나면 죽어 버리는 대나무
그리움이 익어 가는 산자락에
초록처럼 풍성한 추억이 자라나고
기억을 닫을수록 향수는 더욱 진동한다

나무는 한평생 싸움판을 벌인다

산다는 것은 맞배지기 씨름판인가
보랏빛 등꽃이 허공과 몸을 부비는 숲속
한 그루 등신불로 굳어 가는 느티나무
고목 위 독버섯이 소름소름 돋아 있다
등나무 주리 트는 빗장걸이인가
끝내 피톤치드의 날숨을 거부당한 줄기세포
산비탈 고지에서는 샅바전이 한창이다
가지 끝에 걸린 야윈 햇살 긁어모으며
다들 살기 위해 줄기줄기 아우성친다
나무들의 영토 확장, 비명도 지르지 못한 채
등골 터지며 나남의 살을 비벼 넣는다
누구는 각질 세운 구렁이를 보았다고 하지만
그건 구렁이가 아니었다 서어나무를 휘감은 것은
오금당기기로 죽어라 서로를 밀쳐 내는 변종수목들
필사의 자리다툼
홀로는 살 수 없는 덩굴갈퀴의 짝짓기
삶이란 고사목 될 때까지
목 졸라 죽고 죽이는 천하장사 씨름판인가

남의 숨통 옭죄며 살아가야 하는 등나무의 업보
등짝 터져라 쥐어짜는 참으로 잔인한 목숨의 동거

나에게로 띄우는 최후통첩

1. 지금은 뭐 하냐고요?

올해 내 나이 토끼띠 환갑
산이 좋아 산에서 무한고요를 들여다봅니다
한창 일할 때
어느 시절 모퉁집 사립문에 매달린 조등弔燈 하나
문설주 붙잡고 덜덜 떠는 소리 들렸지요
저리 죽어 버리면 참 억울하겠구나
후회하지 않으려면 뭘 어찌해야 하나
그냥 천근고요 머무는 산중에 들고만 싶었어요

2. 세상살이 별 뜻이 없었거든요

내키는 날이면 어딘가로 훌쩍 떠났다가
불쑥 돌아오곤 했지요
어매가 품팔이로 육남매를 키웠고요
해수병을 앓아 늘 콜록콜록 마른기침을 토했거든요
일곱 살 때 어스름 더불어 놀다 돌아오니

멀리 우리 집께서 웬 곡소리가 들렸어요
어매는 서른아홉 청상이었지요
아부지는 그때 이미 안 계셨어요

3. 중학교 1학년 겨울 학교를 작파했어요

멍텅구리배에 팔려 바다를 떠돌았지요
그저 흘러가는 대로 살고 싶었어요
그런 생각을 하니 비로소 먼 산이 보이기 시작했어요
조등을 몇 번 더 본 뒤로 바다에 빠져 죽는 꿈을
수도 없이 꾸어 댔어요
꿈속에서 죽으면서도 원통해했어요
얼마나 생생한지 이튿날 아침에 바로
결심했어요 아주 늦기 전에 산에 들자 일찍 산에 살자

제3부
어느 침묵이 저리 자유로울까

그 가을 소금밭의 칸타타

시흥 갯골 소래염전 물막이 길
갯메꽃 들풀화단 소금 창고 뒤켠으로 투덜대는 가을비
결정지에 핀 소금꽃 등줄기 위로 추적추적 내리는 가을비
소금사내 오그라드는 등짝 위에 내리는 가을비
차마 구멍 난 양철 지붕 창고 속 소금 더미에는
내리지 못하고
지붕 위 폐타이어 멈춰 버린 속도 위로 내리는 가을비

안으로 안으로만 잠긴 갯벌
열쇠 구멍만 무수한
시흥 인천 소래포구 경계에서
조금과 사리 어느 물에도 몸 내맡기지 못하고
갯잔등에 허리 굽은 닻으로 누워 버린
소금 긁는 손갈퀴 위로 가랑잎 등진 몇 개 내려놓는 가을비

소나무에 소금꽃 피다
— 신안 임자도 서울염전을 그리며

소금밭 옹기 등짝에 바닷물이 몸을 부빈다
몸을 부빌 때마다 바닥에는 소금꽃이 새로 피어난다
피어난 소금꽃잎팔은 사각사각 제 무게에 겨운 싸락눈 소리를 낸다

바닷물은, 염전이 소금을 밸 수 있는 회임의 순간이 오면
천지사방으로 가만히 몸을 열어
소금꽃을 피게 하고 피어난 소금꽃들은
젖꼭지 종유석 소금인형을 만든다

물소금과
송홧가루가 녹아드는 눈부신 외로움 속에
소나무가
맺힘 없는 꽃가루를 산란하듯
소나무와 소금 그 번식 없는 짝짓기의 불협화음 속에서

바닷물이 순수하게 지독해질 때마다 제 살 졸여 제 몸을 버리는 갯물

그 소금간수의 알갱이들

소금물 안친다는 것은

이렇게 바닷물이 소금물에게 빌붙지 않는 것인가

물울타리 넘나드는 햇빛이 그늘을 부러워하지 않듯이

그 그늘이 소금 창고 그림자를 무장해제 시키듯이

해 질 녘 소금밭에서 바닷물은 소리 없이 붉게 울고 있는지 몰라

못 카타콤*

한두 박자 어릿어릿 가고 싶다
그곳이 어디일지라도
녹슬고 허름한 것이 주는 편안함
모난 세월 걸러 내느라 온몸을 말린다

찔러도 피 한 방울 나지 않는
못의 저 강인한 죽음
공기를 마셔야만 살 수 있는 인간
산소에 푸석푸석 녹슬어 가는 못

담금질한 쇳조각조차 거스를 수 없는
아주 느리고 가벼운 산화철의 반응
붉은 먼지로 산화한다
세상의 두꺼운 녹을 탈탈 털어 낸다

어두운 못 구멍을 들여다보며
고작 만가나 부르며 지켜야 할

먼 훗날 내 영혼의 카타콤을 향해 간다

* catacomb : '휴식처'를 뜻하는 그리스어. 고대 로마에서는 일반적인 지하 공동묘지를 일컬었다.

사냥꾼의 실수

1

50킬로그램 웃도는 뿔사슴을
머리부터 통째로
날름 삼켰다
인도 밀림 지대 그물무늬비단구렁이

온 몸뚱이를 비틀고
나무 둥걸에 쓱쓱 비벼 대도
끝내 삭이지 못하고
욕심보 뱃가죽이 빵! 터져나갔다

2

내수면이 더 굵어진
비 내린 서울 중랑천
외발 왜가리 한 마리 총총총총
물고기를 찾는다 세코그물 주둥이로

마침내 건져 올린 생의 월척

하지만
부리보다 너무 큰 물고기는
삼키지 못하고 다시 놓쳐 버렸다

물고기가 끌고 간다 강 물줄기를
파닥거리는 지느러미가 해거름을 끌고 간다
첨벙!
탐욕의 저울추 몸이슬을 터는 저 소리

어느 침묵이 저리 자유로울까

길 없는 길 따라
훠이훠이 산 숲을 돌아든다
구월의 초록빛이 아직은 서툰 도반 같아서
저만큼 산문을 열고
세상 밖 길들이 갈지지로 흔들린다

길모서리 벼랑 암자 귀 떨어진 석탑 위로
속 비운 겉끼리 침묵하며 부딪는 시간의 목어 소리
닫았던 세간의 빗장 아미타불로 열린다

끊어질 듯 끊이지 않는 산 울음소리
해거름 소리 홰치는 소리
땡감나무 휘감아 도는 마른바람의 뿌리를 본다
수유須臾*에 지는 빈 하늘

* 잠시 동안. 소수의 단위의 하나. 준순逡巡의 십분의 일, 순식瞬息의 열 배.

어느 운행일지

검은 기사복을 걸친 운전사 하나
버스 종점 대기실 빈 의자에 비스듬히 기대어
먹다 남은 빵 부스러기와
추위에 오그라든 종이컵을 쥔 채
모롱이 쪽잠을 자고 있다

비질하던 미화원이
두 평 바닥에 나가떨어진 아침잠가랑잎을
차마 쓸지 못하고
살금살금 까치발로 지나가고

부—르—릉,
작은 고양이 걸음으로 다가오는
배차 시간표에 살며시
화경火鏡 눈을 뜬다

섬 휘파람새, 산골에 사는 까닭

1

갯바람과 마주치는 일마저도 두려운 것이다
파도 소리 저만치 밀쳐 놓고
섬 휘파람새 입으로 하는 수행
휘이 휘리릭 휘이 휘리릭

벼랑 끝에 걸린 솔잎의 탄식
아직 허허바다 정박하지 못한
통통배들이 꼬리를 나울거리며
파도 이랑 뒤뚱뒤뚱 이마받이한다

밤이 이슥하도록
갯물결의 리트머스 시험지 끝단
등댓불 하나 가늠하지 못하고서
휘이 휘리릭 휘이 휘리릭

2

머나먼 산골의 숲과

그 숲 맥에서 흘러나오는
헐렁한 나뭇가지에 숨어 우는 새
스산한 새벽의 소리 무늬 수묵화인가

산허리로 밀려오는 한바다와
마주하는 일마저도 반가운 것이다
아열대 훈김으로 데워지는 섬 숲에서는
사는 게 아니라 날개 접고 견디는 것이다
휘이 휘리릭 휘이 휘리릭

소리의 풍경

손돌바람 대숲을 비질하면
산등성이 온 몸뚱이 꿈틀꿈틀
우우웅 우우우웅 겨울 산이 우는 소리

절집 협간 처마 깨어진 모서리에
대롱대롱 놓칠세라 정수리에 매달고
바람은 풍경을 풍경은 사람을 울리네

두 눈 부릅뜨고 지느러미 곧추세워
탐욕을 버려라 버려라는 독경 소리
차가운 저 이승의 쇳소리
언 맘을 다 녹여 주네

내 마음의 쇄빙선

겹겹 파도산맥을 쟁기질로 끌고 가는
저 스크루의 당돌한 힘

남극의 두꺼운 얼음장 바다
바다 황무지를 갈아엎는
쇄빙선 우리의 아라온호

이제
그곳의 만년빙하는 지구온난화
가득한 우주 햇살에 맡기고

꽁꽁 얼어붙은
내 마음의 오지
묵정밭이나 갈아, 갈아엎었으면

하늘 다랑논

마른 비가 속살속살 일어서고
비바람이 일면 온몸으로 화답하는 다랑논들
흰 이마를 맞댄 논과 논 사이
실핏줄로 일어선다
꾸불꾸불 꿈틀대는 논두렁
위 마음과 아래 마음을 이어 주듯
바람을 깨우고 산자락을 흔드는 다랑논
때로 한숨짓고 때로 통곡하며
체념하고 드러눕는다
달랑달랑 하늘 다랑논
촌부들이 하나씩 논뙈기를 섬기며
대대로 살 붙여 피 붙이고 사는 그곳
봄이면 산벚꽃이 지천이고
억새지고 싸락눈 내려 부르트는 논의 발바닥
황망한 이별의 옷자락을 남기고
떠나가는 이들을 위해
초롱불로 봉창문에 비바람 수묵화를 친다
바람과 산 울음 속에서도

산자락은 저 혼자 뒤척인다
드디어 물 만나 되살아난다
유배지가 되어 버린 지상에 바람을 풀고
씨앗을 물어 나르는 산새
깃털 잃은 새가 되어 어느 날 문득
잠들지 않는 산마루에 이른다
새벽 찬 이슬 머금은
풀꽃으로 옷깃을 여미고
함초롬히 깃드는 아롱다롱 다랑논들의 행렬

겨울 솟대

구부러진 황톳길 끝자락에
솟대가 서 있다
배고픈 뒷산 그림자 해를 꿀꺽 삼키고
항아리 속 동치미가 살짝 어는
동짓달 초저녁

어머니는 맨발로 거기 서 있다

벌거벗은 가지마다 얼어붙은 적막 너머
초가지붕 가리마 위로 김이 무럭무럭 나는
밥그릇 같은 달이 오르고
기우뚱한 사립문 틈새로 떠도는 소문들

고향을 팔아서라도 내복을 사야 하는 삼동
어머니는 동구 밖 솟대가 되어
봄 오실 눈길을 쓸어 내고 있다

관중貫中을 위하여

순간이 온통 파도로 밀리는 여명
발 디딤 몸가짐 살 먹이기 들어올리기
각궁角弓*에 불화살 한 순 재어
석자 다섯 치 매운 시위를 당겼다

손돌바람이 조이는 대로
난세상 기우뚱거리는 관중貫中을 향해
죄도 없이 죄지어 더욱 숨 가쁜
각지** 떠나 비로소 참살이로 완성되는
저 찰나의 살죽비 소리

시심矢心이 시심詩心을 쏜다

---

* 우리 민족 고유의 전통 활.

** 활줄을 당기는 엄지손가락에 끼워 손가락을 보호하고 화살을 안전하게 보낼 수 있도록 돕는 골무 모양의 기구.

민생투어 가계부

정기적 수입 : 1) 택시 운전, 닭튀김 장사, 액세서리 노점=180만 원
2) 마누라 식당 아르바이트, 화장실 청소=110만 원
정기적 지출 : 1) 월세=30만 원 2) 통신비=15만 원 3) 3자매 급식비, 교통비, 용돈=70만 원 4) 큰딸 독서실비, 막내 학원비=35만 원 5) 다섯 식구 식비=135만 원
손익계산서 : 1) 수입 290만 원
2) 지출 285만 원
3) 잔액 5만 원

가난의 굴레는 너럭바위에 누워 있다
해거름 참에 나가지만 새벽 4시도 어림없다
밤새껏 택시 안에서 대구 충주 전주를 오르명 내리명
페트병에 몸통 가득 부글거리는 분노를 쏟아 낸다

택시 몰아 80만 원 야시장 닭튀김 배달 50만 원
좌판 벌려 30만 원 전단지 돌려 20만 원
해 오르면 빠져나가 새벽 2시도 이르다며
10여 년을 하루 서너 시간 자 본 적 없노라고

이슬 털며 나가 화장실 청소 50만 원

남대문시장 밥집에서 부엌데기 60만 원
이삿짐센터 막일 푼돈 모으지만
인생살이 거기가 거기 늘 제자리서 맴돌아
최저생계비도 못 건지는 워킹푸어* 300만 명

변두리로 내몰려 한두 평 자투리땅 찾아
건들 모가지 내밀고 피어오른 질경이꽃
몰려드는 부나비들에게 몸뚱어리 펼쳐주고
종당에 가릴 것 없는 마음둘레 모두 벗어
적자투성이 손익계산서 바람이불로 덮는다

* Working Poor : 근로 빈곤층(일을 해도 가난한 사람들).

기억은 바퀴를 굴리며 간다

모서리가 닳은 황톳길 끝자락
귀 떨어진 슬레이트 지붕 위에는
먼 옛적으로부터 굴러온
자전거 바퀴 하나
회진을 나 마치지 못한 채
몸뚱이를 잃어버린
한적한 동네의
마을길과 논두길에 주름살을 그으면서
동구 밖 모롱이만 비쳐도
기억의 광기로 씩씩거리며 헐떡이는
허물 벗는 저 바퀴살
떨어져 나온 페달의 기억을
미처 다 굴리지 못하고
뒤엉킨 체인의 미련에
뿌드득 이빨이 맞물리는 바퀴살
굴림 잃은 바퀴의 부챗살 사이로
땡볕에 애써 모로 눕고 있는
이제는 외발로 쉬어야 할

오랜 저 바퀴살
녹슬어 세월을 버린

소금 바닷길

— 장포염전 소금사내에게

소금밭 소금꽃 제 무게에 못 이겨
사리로 굳어 간다
내 가슴에 소금간수로 가라앉은
당신이란 이름의 결정체
그토록 갈망했던 마음들이
소금밭 흰 꽃으로 맺혀 간다

이제 누구와 다시 이 바닷길을 건너가랴

유효기간이 끝나지 않은 그리움
삐걱거리는 수차의 바퀴살을 타고
구름 한 칸 슬지 않는 하늘그물에 갇힌다
아무리 내딛고 굴려 밟아도 늘 거기가 거기인 것을
제 살 불려 가는 얼얼한 슬픔의 그늘 탓일까
등짝을 꿰뚫고 소금꽃이 피어오를 때까지
맨발로 소금 바다를 헤매야 하는

도시의 산지기

등 굽고 허리 뒤틀려 누구도 눈여겨보지 않던
그래서 아무도 탐내지 않아
세상의 톱날이 비켜 갔던 그루터기
울울창창 뽐내다 단칼에 허리 잘려 나간
아름드리 낙락장송
먼발치서 끝끝내
아직도 선산을 지키고 있는 볼품없는
자라목 한 그루

제4부

너는 문이면서 문이 아니다

바람의 이정표

800cc 경차를 타고
110킬로미터 최고 속도로 내달려도
땅바닥에 바짝 가자미로 엎드려
쾌속 질주에도 끄떡없는 사람이 있다

110킬로그램의 거구이면서도
4000cc 리무진으로 달리지 않으면
손돌바람에 훌러덩 날아가 버리는
헌 가죽 부대 널브러진 사람도 있다

고공비행하던 점보 여객기가
한 마리 참새 때문에 비상착륙을 하려면
기름밥을 몽땅 쏟아 내고 무게를 줄여야 한다든가

보란 듯이 박차고 날아올라야만
다시 그 낮은 곳으로 돌아올 수 있나니

그곳엔 밤새 꺼지지 않는 감초롱 불꽃이 탄다

늘어선 길섶 모롱이 접어들면
밤새 꺼지지 않는 감초롱 불꽃이 있다

하나둘
다 사라지고 없어도
사잇길 비켜 맨 갓집 한 곳만은
그냥 남아 있다

장명등 밝혀 놓고
바닷가 바위 밑에 자라목으로 있을까
삼동 원두막 언저리 먼발치서
벌벌벌벌 몸 떨고 있을까

선창가 수박등 파도 마름질하는 불빛이
이리도 눈부신 외로움일 줄 몰랐다

노랗게 지친 외등이
아침에 밀린 감꽃받침에 걸려 있다

다시 연탄

사랑할 시간을 맷돌짝 구멍에 맞춰 밀어 넣는다
온몸을 진저리치도록 태워 버리리라고
먹장 가슴 이대로 숯덩이가 되어도 좋으리라고
달동네 달팽이길 달팽이집을 지고 깐닥깐닥 기어오르는다

휴전선

녹슨 포연의 절규가
주룩주룩 좍좍좍좍
비에 젖은 바위의 무게로 내려앉는
나는 그대로 초병이어야 하는가

꽃파도 처연한 산마루 7부 능선에
어두움을 적시며 면면히 내리는
산이
산을 응시하는 나는 누구인가
어둠의 총구 속으로 흐르는
차라리 너 아름다운 과녁이여

설익은 산그늘 한 폭
녹슨 긴장을 짓눌러 버리면
거기 내 집념은
낭자한 기호들로 그림자를 이룰까
꽃들은 어느 언덕바지에서
수줍은 아침을 노래할까

일백쉰다섯 하얀 철조망 건너 밟고
묵묵히 가슴을 흐르는 비무장지대
그 위에 꽃잎처럼 떠가는 젊은 혼이여
녹슨 서풍이
비에 젖은 바위의 무게로 내려앉는
나는 그대로 초병이어야 하는가

백당나무 슬픔

— 불두화佛頭花에게

변두리 빈터에 바람으로 나부끼며
볼품없는 꽃으로 살아가면 어떠리
벌 나비 눈길도 훔치지 못하는
좁쌀 꽃술이면 또한 어떠리
말랑말랑 흙 위로 걸어 나오는
저 가장자리 화려한 꽃잎팔의 유혹
천 리 길을 가 본 사람은 알리라
벌 나비 빛과 그늘의 사랑
꽃가루받이 열매 맺지 못하는
꽃잎만 겹겹 무성한
무성화無性花의 마른 슬픔을

세상살이 지게질

1. 아버지는 까막눈

어릴 적, 더러 초등학교서 하다못해 정근상이라도 받아 오기라도 하면 인사치레로라도 "그래, 우리 아들 잘했다!" 라는 칭찬 한번 듣고 싶었지만 아버지는 그저 쓰윽 한번 쳐다보는 게 고작이었다 서운했지만 내색할 수도 없었다 그럴 수밖에 없었던 아버지의 속마음을 세월이 한참 지난 후에야 짐작할 수 있었다 아버지는 글을 몰랐던 것이다

2. 참새 다리를 발발발발 떨며

중학교 3학년 무렵의 일이었지 아마 추수가 끝나 나락 가마니를 지게 등짐으로 나르는 농사일 중에 가장 힘든 일을 아버지 혼자서 감당했다 그 짐을 져 보겠노라고 겁도 없이 나섰다 아버지는 거듭 만류했지만 헛간에 몸 부리고 있는 작은 지게를 가져다 작대기를 두 손에 움켜쥐고 땅이 꺼져라 짚은 다음 참새 다리를 발발발발 떨며 조심스럽게 일어섰다

3. 그렇게 가벼워도 무겁게 살아가라

그 순간, 아버지의 무논 같은 표정이 그리 밝아 보일 수가 없었다 "허허, 우리 아들 보았제! 이제 상일꾼이 다 되었네." 실은 나도 기뻤다 아버지는 그 후 나를 대하는 눈빛이 달랐다 당시 추곡 수매 나락 한 가마니 근대는 40여 킬로그램 남짓, 그다지 무거운 게 아니었다 아버지는 그렇게 가벼워도 무겁게 살라는 세상살이 지게질을 가르쳐 주셨다

4. 누가 소를 일만 하는 짐승이라 했던가

근머리 큰 밭 윗배미 밭갈이할 때 쟁기의 모가지를 누르게 했다 누가 소를 묵묵히 일만 하는 짐승이라 했던가 소가 꾀를 내어 냅다 앞서 가는 바람에 깊갈이가 되지 않기 때문이었다 소란 놈이 더욱 꾀를 내 내쳐 달아났다 보다 못한 아버지는 돌연 고삐를 바투 잡아채며 "네가 한번 쟁기를 잡아 봐라! 쟁기를 잡고는 뒤를

돌아보면 절대 안 돼!" 뒤를 돌아보면 금세 눈치채고 내빼기 때문이란다

5. 천둥 치는 아버지 목소리

초보 운전자가 처음 잡아 보는 자동차 핸들은 이에 비할 바가 못 된다 하지만 아뿔싸! 긴장과 흥분의 순간도 잠시, 소 꼴이나 먹이던 어린 아들이 쟁기를 잡았으니 얕잡아 본 소가 냅다 달리는 것은 당연지사 겁에 질려 "와, 와" 소리쳐 보았지만 어찌 아버지의 나직나직하면서도 권위 있는 목소리에 비할쏜가 그날의 쟁기질은 처음이자 마지막이 되고 말았다

너는 문이면서 문이 아니다

열기 위해 있는 것인가 문은
문풍지 그 얇은 종이 한 겹 사이 두고
닫기 위해 있는 것인가
문을 매다는 일은 밖으로부터
안을 지키는 것인가

너로부터 나를 지키려는 것인가

세상의 빛을 방 안으로 들여오고
안방의 풍경은 그림자로 슬쩍
창호 화선지에 수묵화를 치는 문
문밖의 소리는 아랫목으로 불러들이고
구들에 데워진 소리는 문턱 너머로 들려주는
늘 막혀 있으면서도 열려 있는 너의 문

멋모르고 열고 나갔던 바깥세상이 두려워
'문' 이라고 목청껏 소리 지를 그때
당신의 문은
닫혀 있는가, 열려 있는가

여름 가을 가을 봄

지리산 반달곰 뱀사골의 겨울잠을 잊었다

동해안 찬 바다 흐르는 도루묵 양미리 까나리
먼 바다로 떠난 지 오래
겨울 바다를 지키던 명태도 꼬리를 감췄다

남쪽 바다 오징어는 해수면을 잃은 채 치받아 오고
여름 철새는 아직도 먼 길 떠나지 않았다

철새 아닌 텃새가 되어 버린 그들

얼음 벌판을 잃고 백수가 되어 버린 북극의 썰매개들

거미집 저인망

귀족주의를 앞세우는
마천루의 도덕적 양심들이
먹이를 사이 두고
한판
진검승부를 펼친다

부릅뜬 목어의 갯비린내 풍기는
먹거리 다툼보다도
세 들어 사는 하늘그물에
가끔 새털바람으로 살포시
절름거리며 찾아오는 새참

휘인 바람이
장기판 줄금으로 잘려 나가고
탄력 있는
햇살그네로 매달아 놓은
한 끼만으로도 충분한 이승이거늘

얼마나 많은 어둠의 초병들이 쓰러졌을까

저 어둠의 고요 속에 발목 담그고 싶다
햇살 비껴가는 바람 구멍의
한 줄기 들샘으로 누워
마른 체온과 밭은 숨소리 걸러 내고 싶다
벗어 던진 옷가지야 맥없이
천 길 벼랑 한쪽으로 드러눕든지 말든지
몸통 속에 그리움이 남아 있든 말든
그냥 캄캄한 그물망에 얽매이고 싶다
그대 영혼의 고즈넉한 빈터
그 고요 그늘 속
터 잡을 데 없는 불멸의 씨앗들에게
떡잎 틔우고 꽃 피울 수 있게
어둠 이랑이랑 갈아엎는
조그만 텃밭 하나 마련해 주고 싶다
무너기 개망초와 디불이
흐드러지게 피어나고 싶다

불알불알* 달랑달랑

2013년 온 세상 불알이 퇴출된다
고 한다, 19세기 말엔가
아내가 바느질하는 실에
탄소 가루 묻혀 백열전구 만든 에디슨이
무덤에서 번갯불로 벌떡 일어난다 한다

하루 종일 방 안에 갇혀 살면서
기껏 행복한 탈출은
포근한 잠자리를 마련해 주는 것
내려앉은 천장 아래 홑이불 귀퉁이
서너 평 불방석이 깔려 있다

허술했지만 넘치는 것은 방
어디고 마음대로 비출 수 있는 곳
사방팔방이 구들장처럼 누운 까만 방
그 절대적 어둠의 자리에서도
모가지를 비틀면 순간 넉넉해지는 불 · 알

2200도 불덩이로 온 몸뚱이 사르며
빛을 보존하려던 인류의 생존 전략
이제 누가 역사의 횃불을 밝힐 것인가

---

* 백열전구를 일컫는 북한 말.

같이 살아도 사는 법을 몰랐다니

설한풍 대숲으로 엎드린 밤
옹이 설움 타악타악 부러뜨려 쑤셔 넣은
여물 솥 불아가리
속에서 말랑말랑 몸뚱이 뒤척이는 갱고구마

식구들 몰래 가랑이를 타고 넘다
찢어진 봉창으로 갸웃갸웃
넘실대는 열하루 달빛 순라군 인기척에
실눈 비벼 떴을 때

검불 벗겨 툇마루에
입 분무질로 다림질해 세워 둔 농림4호 짚둥치
구봉침九鳳枕으로 눕혀 놓고
어둠을 사르며 솨악솨악
삼동 곁고샃* 꼬고 있는

헐렁한 목주름 이랑이 건들거리는
물 가두어 둔 다랑이 논길보다 더 휜

세기말을 헐떡이는 할아버지 태백산맥 그 등짝
가까이 가까이서 보고 말았네

* 초가지붕을 일 때 이엉을 얹은 위에 걸쳐 동여매는 중간 굵기의 새끼.

째보선창 할매별곡

목포 대반동 째보선창 뒤켠
바다를 목숨처럼 끌어안고
깡다리젓* 밴댕이젓 송어젓 육젓 파는
붙박이 언청이 뻘둥할매
굵은 철사 놓여맨 항아리 속에는 지금
마파람이 아우성이다
어쩌자고 먹어 줄 사람 하나 없는
저들만의 잔칫상을 차리는 것일까
테 맨 항아리 수북이 움트는 소금꽃 위로
갯바람 버무린 주름살이 덩달아 피어난다
소금 맺힌 할매 등짝 짓누르는 햇살
계절의 절반은 언뜻언뜻 갯살이 따뜻하고
뒤로 오는 사람의 절반은 그림자가 차갑다
젓갈보다 짭짤하게 뒤엉킨 삶의 건더기들
펼쳐진 방파제를 타고 꿈틀꿈틀 기어 나간다
갯골 뻘밭 발반죽하는 사람도 없는데
할매가 옮겨 담은 간간하게 젖은 꿈들

손쇠스랑 젓갈 긁는 금속성만
바다광야를 쟁기질한다

---

* 황석어젓을 일컫는 전라도 서남해안 지방 토속어.

제5부
찰나의 빈틈을 위한 파반느

하늘정원을 아시나요

'대한민국 최상위 회원님의 본인 카드를 제시하셔야만 트리니트 라운지 이용이 가능합니다. 카드를 단말기에 가볍게 읽히시면 최고의 품격을 유지할 수 있는 파라다이스의 문은 자동으로 열립니다.'

들어서는 문까지도 정중한 소리를 내며 닫힌다
주차장에 진입하는 차량 안내 도우미만 어림잡아 이십 여명
람보르기니(세스토 엘레멘토), 부가티, 코닉세그, 마흐바흐, 파가니, 애스턴마틴, 페라리, 벤츠, 롤스로이스, 볼보, 폭스바겐, 벤틀리, 아우디, 렉서스, BMW
많게는 40억에 가깝고 적어도 억대에 육박하는 최고급 자동차
뒤통수에나 굽실굽실 연신 허리를 굽힌다

그 문은 통과하기부터 쉽지 않았다
정문 동문 서문 1번 게이트 2번 게이트 3번 게이트

중국 고대 황실 문턱 넘기가 이리 어려웠을까
늘 가까이 열려 있다고 입소문을 내지만
아무나 들어갈 수 없고 감히 넘볼 수도 없다
열려 있으면서도 단혀 있는 저 하늘 문

충무로 분수대가 헐떡이며 내뿜는 물줄기에도
대한민국 최상위 3%를 자랑하는 맥시멀리즘*들이
크리스티앙 디오르 킬힐에 발목을 곧추세우고
명품을 좇아 번득이는 욕망에서 뿜어져 나오는
산데리아나 촉수보다 더 이글거리는 눈빛을 식히지는 못했다

성곽 울타리로 감싸 안은 루이비통 샤넬 롤렉스
죽기 전에 저것들을 한번 사 볼 수 있을 것인가
죽은 뒤에 자식들 효도 상품으로 남겨 둘 것인가
내로라하는 명품 구찌 프라다 디올 미쏘니가
맥을 못 추고 황급히 재고품 창고로 내몰리는 곳

루이비통(보울링 모노그램 에톨) 핸드백 움켜쥐고
한참을 들여다봐야 동그라미 수치를 가늠할 수 있는
린제이 캘빈클라인 팬티 브라 세트를 심드렁하게 치어다보며
더 좋은 근사한 것 없느냐고 나무라며 발길 돌리는 골드미스

돌체 앤 가바나 제품이라나 뭐라나 한 벌에 250만 원
빈부의 중량을 언도하듯 숨통 조이는 소리에 주눅 들어
더 낮은 물건은 없느냐는 모깃소리에
서늘하게 냉소하며 그것이 가장 싼 상품上品이라고
이태리제 토네로 남성 슈트는 300만 원이 기본이고
영국제 킬 고올 원 버튼은 500만 원이 거저라나

입센 로랑 투 버튼 프리시즘 스타일은 600만 원도 싸다며
한심하다는 눈초리로 사람은 거들떠보지도 않고

떡! 버티고 서 있는 마네킹 옷매무세를 다독이며
여태껏 그 정도도 모르고 있었느냐고 핀잔만 듣는다

아뿔싸! '빽' 써도 갖기 힘든 핸드백이 있었으니
에르메스의 '기다림의 마케팅' 이라 했던가
보통이 1000만 원, 고급 소재 악어가죽은 5000만 원
버클 부분 다이아몬드 박은 모델은 1억 원에 파는
버킨—켈리백 구매하려 1000만 원 넘는 선불을 내고
번호표 받은 대한민국 자칭 VVIP 대기자가 1000명이 넘는다나
빨라야 1년, 늦으면 2년은 더 기다려야 겨우 구입할 수 있단다

그들만의 휴식 공간인 하늘정원 라운지를 이용할 수 있는, 한 달 최소한 누적 수백만 원 이상 상품 구매 실적을 유지해 초우량 고객이 되어야만 한다는 안내문을 힐끗힐끗 훔쳐보고 마치 누구에겐가 떠밀려 서둘러 비상계단을 찾아 구르듯 내려온다

600만 원짜리 양복은 보통이라고
아무렇지도 않게 말하던 그 백화점 명품관 아가씨
이른바 Restroom이라는 화장실 세면기 위에는
'티슈 2장이면 손 닦는 데 충분합니다. 다 같이 아껴
쓥시다. (1장당 35원)'
안내문이 세계 패션계를 평정한 입셴 로랑
바늘자국 성성한 손등을 비웃기라도 하듯
싸구려 전단지가 되어 나부끼고

길목 하나 사이 둔 남대문시장 좌판대
'요즘 이거 안 입은 여자 없어요. 언니야, 난전에서
샀다고 함부로 물세탁 돈세탁 하지 마. 이래도 메이커
야. 원가 비싸서 백화점은 안 갔다 놔!'
옹팡눈 닮은 아줌마 쉰 목소리 정겹고

'이랏샤이마세 고꼬 노 모노 젠부 고하꾸엔데스'
원어민 뺨치는 일본 말로
늘어선 관광객 발목 잡는 배불뚝이 아저씨 입담 너머로

목포식당 연탄화덕 아가리 벌리고 한숨 내뱉는다
동그래 식탁 위에 새참으로 차려져 불어 터진
1000원짜리 막국수를 우걱우걱 목구멍에 밀어 넣고
시장 골목 수로를 멍텅구리배로 헤엄쳐 나와
천 근 발길 돌려 지하철에 내 낡은 화물 몸통을 부린다

* Maximalism : 과장주의.

세상에서 가장 멀고 긴 봄날

이 느슨한 절기의 날짜변경선을 휘이훠이 넘어가자고 철 이른 산벚꽃 하르르르 날갯짓하는 봄날

늑장 부리던 철쭉 무더기도 텃밭을 내어주고 산비탈로 내려와 꾸벅꾸벅 졸다가 제자리 찾아가는 맥없는 한낮에

진종일 붙박이로 서서 뼛골 빠지게 온몸 쥐어뜯겨 골리수* 방울방울 목줄 타는 늦은 오후 시간에

시방 비바람을 막아 주는 초막의 띠눌 지붕도 지난해 이맘때보다 새끼줄이 헐거워져 몸을 뉘어야 하는 어스름 초저녁 별처럼

어디서 그놈의 봄바람이 또 마음 갈피를 잡지 못하나 보다

괜스레 자줏빛 각시붓꽃에 혀를 널름낼름거리는 벌새 한 마리

아직 향기 없는 꽃술 빗장 걸어 놓고

두리두리 번번번 샛길로 씨방 꽃술을 찾아간다

---

* 골리수骨利水 : 고로쇠의 본딧말(뼈를 이롭게 하는 물이라는 뜻).

초록 낙타, 길 떠나다

낙타는 아무에게나 등을 내주지 않는다

용광로처럼 쏟아지는 불의 사구에는
낙타가 길 나설 채비를 한다
타박타박
가야 할 곳까지 흠집을 내어서
초록 길을 주머니에 넣고 끄덕끄덕 걸어간다

낙타가 사막의 껍질을
사정없이 물고 찢고 하는 사이
작은창자로 스며든 초록 길이 솨아솨아
오아시스를 찾아 초벌갈이 쟁기질을 해 댄다

길 아닌 길 위에서 오체투지를 한다

오늘,
낙타는 해를 내뱉는 백야에 세 든다

슬픔마저 번거롭다

— 만가輓歌

예닐곱 자 길이에다 두어 자 폭 안팎으로
넉 자에 다섯 새김 모자라면 칠언절구로
아직도 너를 못 다 내려놓고
만사輓詞에만 매달리나니

살고 지고 세세천년
영생불사 한 조각 꿈
나는 겨우 글이나 쓴다

사자使者는 발치에서 기척 없이 차비差備하고
산역山役이 끝나길 기다리며
구름은 모여드는데
나는 고작 노래나 부른다
만가나 부른다

세상 가난을 맷돌에 갈고 싶다

1

꼭두새벽 매함지 사이 두고
들린다 내 삶의 맷돌짝 갈리는 소리

아래짝 숫돌 맷돌중쇠
위짝 구멍 속에 치켜 박고

해거름 다 질 때까지
드르륵드르륵
모진 가난의 함지박을 갈아 내는 저 소리

2

주린 배로 닳고 닳은 매통 이빨
시름으로 쪼아 날 세우고

윗돌 암쇠 아가리 속 벌리고
설움의 두렁콩 한 줌 넣고 돌린다 어처구니*로

지나던 매죄료장수**
천 근 발길 돌려
헐거운 세상 풀매 옥죄고 간다

* 맷돌의 손잡이.

** 매통이나 맷돌의 닳은 이를 정으로 쪼아서 날카롭게 만드는 일을 업으로 하는 사람.

각시붓꽃

천기누설이다
점점점
두리두리

산자락 굽이돌 때마다
똬리 튼 등성마다

남몰래
춘설 녹이며
각시붓꽃 피었다

백암산 천진암에
촘촘촘
갸웃갸웃

후밋길 각시붓꽃
참배하는 저 사람 누구일까

기우는 법당 모롱이

탱화목불幀畵木佛 하나 나부끼고 있다

찰나의 빈틈을 위한 파반느

1
깜짝할 새 섬 한쪽 면이
우수수 무너져 내린다

면체面體를 풀어 헤쳐
선線으로 흩뜨려 놓고

온종일 도요새 울음소리
금강 하구를 들었다 놓았다

2
선회의 변곡점을
아직도 다 돌지 못한

환청의 날갯짓 소리만
적요롭고 찬란하여

아득한 찰나의 보상
들뜬 근심물결 다 지우네

다듬잇돌 난타

위쪽은 반들반들 가운데는 봉싯봉싯
양쪽 끝 가장자리 턱을 주어 내려앉고
섣달 밤 달빛 긴 허리
감았다 푸는 시간의 저 소리

오른쪽에 힘을 주면 왼쪽이 슬몃슬몃
왼 손목 두들기면 바른쪽이 누그러지고
풀 먹여 까실한 생명의 베옷
맞장단에 온갖 주름살 펴진다

버려진 다듬잇돌 책장 옆에 놓았더니
가물대는 호롱 밑에 정갈하게 쪽 지은
아낙네 세월을 다듬질하는 소리
문창살에 달빛처럼 흘러 나간다

에밀레종

밤은 저리
깊어 가는데
허공에 나뭇잎 갈리는 소리

너 거기 매달려서
천 년 세월 청동 울음 우는가

우우우
산 우는 소리
목어 비늘로 파도친다

해금

두 줄이면 너끈하다
깡깡깡깡
앵앵앵
세상을 운다

수천 겹 벗겨 내어도
올 풀리는
시간의 속살

낮은음
틈새 비집고
천기누설 한다

우안거雨安居*

백중 물맞이 석 달 동안
더러운 물 맑고 깊게

얼굴에
새겨지는
나이테는 어이할꼬

산문 밖
저 소나무는
몸 안으로 줄 새기네

* 하안거夏安居의 별칭(승려들이 여름에 90일 동안 집중적으로 수련하는 하안거 기간에 장마철이 끼어 있기 때문에 이르는 말).

불이선란도不二禪蘭圖*

쭉 뻗어 나간 난초 한 줄기 나머지는 여백이다
딱 정해진 법이 없고 또 없을 수도 없나니
반전을 거듭하면서
오른쪽으로 뻗어 나간다

화선지 가득가득 풍상 세월 돌올하다
때로는 굵직하게 어느 때는 가늘가늘
만 권의 책 독파해야
비로소 화선일치畵禪一致 되나니

---

* 조선 후기의 서화가 추사가 그린 묵란도. 종이 바탕에 수묵으로 그렸으며, 가로 31.1cm, 세로 55cm다. 김정희의 대표적인 난초 묵화로서, 그의 뛰어난 예술 세계와 조선시대 문인화의 높은 수준을 보여 주는 빼어난 작품이다. 불이선不二禪 경지에서 마음속으로만 그리던 난이 어느 날 갑자기 득도를 하듯이 눈앞에서 자연스럽게 이루어졌다고 하여 〈불이선란도〉라고 하며〈부작란도不作蘭圖〉라고도 한다.

우정의 조건

1
비바람 차운 이슬 속
열다섯 해 곰삭힌 오동나무

자귀질 끌질 대패질 마름질 속에
모든 속살 긁아 내버린 저 울림통

비워 낸
충만 속에서
맑은 소리 춤사위를 뽑아낸다

2
서너 십 년 하루같이 기다려 온
제 몸뚱이 온전히 비워 내야

온몸으로 쥐어짜 낸
넉잠누에 명주실로 비벼 꼬아야

제대로
삭아진 마음
심금心琴, 지음知音*으로 앙가슴 파고들리라

*『열자列子』「탕문편湯問篇」에 나오는 춘추시대 거문고의 달인 유백아兪伯牙와 그의 친구 종자기種子期 사이의 고사인 '백아절현伯牙絶絃' 에서 유래된 말로 '마음까지 통할 수 있는, 자기 마음을 다 알아주는 절친한 친구' 를 이름. 지기지우知己之友와 같은 뜻으로도 쓰임.

샛골나이* 누월屢月을 깁누비다

올올이 굽은 손길이요 겹겹이 어룽진 마음길이다
열다섯 세목細木**은 대궐로
깃베는 초상집으로
날실에 감긴 깊은 정이 촘촘하다

팔자 좋아 노가리미영
운수 사나워 보리작끝
퉁기는 활줄 너머로 뭉게구름 송이송이 피어나고
선다리 정강이 시린
길쌈 아낙 베틀을 내려선다

꽃각시 적 따르르르 할매 되니 사르르르
베 맬 때는 야단법석이요
베 짤 때는 호올로 구중궁궐
꾸리실 눈썹노리솜 무명누월을 깁누비다

* 전라도 나주 일대에서 지금도 행해지는 전통적인 무명길쌈(샛골은 옛 나주군 다시면 신풍리의 지명이고, 나이는 길쌈을 뜻함).

** 무명의 등급. 샛골무명은 일곱 세에서 보름 세(열댓 세)까지 짰는데 아홉 세만 넘으면 주로 남성용 외출복으로 쓰였으며 노가리미영으로 짠 질기고 올이 가늘며 발이 고운 극상품 세모는 열다섯 세목이라 하여 관중의 진상품으로 쓰였음.

아미타금강 소나무미륵보살

1

몸도 붉고 배 속도 붉고

겨울눈도 새붉은 소나무 금강

여섯 모 거북등 껍질 용 비늘 갑옷 입고

부릅뜬

대장부 눈이

선구자로 헌걸차다

2

윗가지는 반공중에 덩그마니 날개 펴고

아랫가지 비틀어져 빙 둘러 심을 박으니

옹이를 발판 삼아서 하늘로 뻗어 나간다

3

촘촘한 나이테에
속고갱이 울근불근

늦가을 잎 떨어질 때 붉은 근육질 우두두둑

오백 년
묵은 소나무
새털 눈발에 가지 찢긴다

문고리를 당겨 보네

— 솟을빗살꽃살문*에 부쳐

꽃이라도 물만 먹고 피어나지 않느니
물 한 방울 먹지 않고 천 년을 하루같이
꽃살문 대각선까지
흐트러짐 전혀 없네

경국사 극락보전 도드라진 협간 하나
때로는 단순하고 슬픈 듯 따스하게
눈맛이 다 후련함을
온몸으로 느끼겠네

모나게 둥글둥글 알세라 모를세라
모서리 깎이면서 만고풍상 즐기노니
닫힌 솟을꽃살문
눈으로 여네
합장으로 여네

* 꽃살문의 일종. 각기 다른 세 방향에서 살들을 같은 간격으로 짜면서 나타나는 무늬 위에 꽃살을 덧붙여 조각한 문살. 부처님이 설법을 마치고 삼매에 들었을 때나 깨우침을 얻었을 때 하늘이 축복의 꽃비를 내린 것을 '우화서雨花瑞' 즉 '꽃비의 상서'라 한다. 꽃살은 형상으로써 환상의 불국세계를 드러내는 징표이며 상서와 깨달음의 상징이다.

활을 쏘다

1
만작滿酌*으로 뒤집어져야
멀리 날아가는 활대의 통증

바람으로 조였다 풀어내는 찰나의 빈틈을 본다

절정에 이를 때까지
잡아당기는 세상의 닻줄

2
허리춤서 빼낸 화살 오늬
끼운다 시위 절피에

태산을 밀어내고 범 꼬리를 당기듯이

과녁과 하나 되는 몸
억장 시름 관중貫中으로 날려 보낸다

---

* 활시위를 가득 당겨 둥근 달 모양으로 만들어서 동작이 정지된 상태를 유지하는 자세.

작품 해설

절망의 시대, 희망의 메시지

김 재 홍

(문학평론가 · 경희대 교수)

1. 21세기 시의 길은 어디로?

21세기 우리의 삶은 어디로 가고 있는가? 이제 사랑과 평화, 자유와 평등이 넘실거리는 복락원의 시대로 접어들고 있는가? 아니면 단절과 소외, 불안과 위기의식이 점점 깊어지고 노골화해 가는 그야말로 낙원 상실의 시대를 향해 치닫고 있는가?

불행하게도 인류사는 더욱 불연속성과 불확정성의 시대로 줄달음쳐 가고 있는 것이 아닌가 하는 의구심과 불안감이 날로 증폭돼 가고 있는 것이 어쩔 수 없는 현실상이다. 그 많은 선지자, 혁명가들이 스쳐 갔지만 인류의 정신적 삶은 더욱 예측할 수 없는 단절과 소외, 불안과 불신 속으로 빠져들고 있는 모습으로 여겨지기 때문이다.

그렇다면 시의 길은 어떠한가? 그러한 시대의 불안과 좌절을 더욱 어둠과 비탄, 절망과 고통의 언어로 천착해 들어갈 것인가, 아니면 이런 시대일수록 긍정과 위안, 낙관과 희망의 세계를 노래하고 지향해 나아갈 것인가? 그야말로 예술사, 인류사의 근본 명제이자 고민으로서 리얼리즘의 길을 걸을 것인가, 로맨티시즘의 길을 걸을 것인가, 그도 아니면 페시미즘의 길로 나아갈 것인가, 옵티미즘의 길로 나아갈 것인가?

이러한 인류사의 근원 명제를 운명적으로 껴안고 감수하면서 절망과 희망, 비관과 낙관의 무수한 교차 속에서 본질과 현상, 이상과 현실을 초극해 나아가려는, 나아가야만 하는 것이 바로 시의 운명이고 현실이며 또한 지평이 아니겠는가? 폭력과 어둠으로 미만해 있고 절망과 고통으로 신음하는 시대일수록 어둠 속에서 빛을, 절망 속에서 희망을 발견하고 그를 향해 나아가려는 극복의 정신, 반역과 창조의 정신, 영원의 정신으로서 시의 의미는 더욱 그 빛과 향기를 더해 갈 것이기 때문이다. 이러한 점들에 유의하면서 최영록의 첫 시집 발간을 축하하고 격려하는 뜻에서 그의 시 세계를 점검해 보기로 한다.

2. 남도 정서와 민중적 생명력

최영록 시의 기저를 이루는 것은 소외된 삶, 변두리 삶에 대한 애정이며 그에 대한 극복 의지로서 민중적 생명력의 지속적인 발현이라고 할 수 있다.

목포 대반동 째보선창 뒤켠
바다를 목숨처럼 끌어안고
깡다리젓 밴댕이젓 송어젓 육젓 파는
붙박이 언청이 뻴둥할매
굵은 철사 동여맨 항아리 속에는 지금
마파람이 아우성이다
어쩌자고 먹어 줄 사람 하나 없는
저들만의 잔칫상을 차리는 것일까
테 맨 항아리 수북이 움트는 소금꽃 위로
갯바람 버무린 주름살이 덩달아 피어난다
소금 맺힌 할매 등짝 짓누르는 햇살
계절의 절반은 언뜻언뜻 갯살이 따뜻하고
뒤로 오는 사람의 절반은 그림자가 차갑다
젓갈보다 짭짤하게 뒤엉킨 삶의 건더기들
펼쳐진 방파제를 타고 꿈틀꿈틀 기어 나간다
갯골 뻘밭 발반죽하는 사람도 없는데
할매가 옮겨 담은 간간하게 젖은 꿈들
손쇠스랑 젓갈 긁는 금속성만
바다광야를 쟁기질한다

—「째보선창 할매별곡」 전문

이 시의 배경은 남도 목포의 선창가이며 그 속에서 어기차게 살아가는 뻘둥할매 삶의 모습이다. 목포의 선창가에서 젓갈류를 팔며 고단한 삶을 헤쳐 가는 소외된 삶의 풍경인 것이다. “굵은 철사 동여맨 항아리 속에는 지금/ 마파람이 아우성이다/ (…중략…)/ 테 맨 항아리 수북이 움트는 소금꽃 위로/ 갯바람 버무린 주름살이 덩달아 피어난다”라는 구절은 ‘마파람’ ‘소금꽃’ ‘갯바람’ ‘주름살’ 등의 시어가 어울리며 이러한 비관적 생의 모습을 상징적으로 제시한다. 무엇보다 “젓갈보다 짭짤하게 뒤엉킨 삶의 건더기들/ (…중략…)/할매가 옮겨 담은 간간하게 젖은 꿈들/ 손쇠스랑 젓갈 긁는 금속성만/ 바다광야를 쟁기질한다”라는 결구는 온갖 역경과 수난을 헤쳐 가며 생을 이겨 나아가는 소외된 삶의 풍경과 함께 그에 대한 긍정과 극복의 안간힘을 제시한 것으로 이해된다.

그만큼 최영록의 시는 그가 나고 자란 고향 목포 부근의 남도적 삶의 풍경 속에서 힘들고 고단하게 살아가면서도 “소금 맺힌 할매 등짝 짓누르는 햇살/ 계절의 절반은 언뜻언뜻 갯살이 따뜻하고/ 뒤로 오는 사람의 절반은 그림자가 차갑다”와 같이 비관과 낙관, 절망과 희망이 무시로 교차하는 삶의 희비쌍곡선을 묘파하고 그 속에서 삶의 희망을 발견하려는 애달픈 민중적 생명력이 현현되고 있음을 볼 수 있다.

> 임자도행 오후 배는 좀처럼 떠나지 않았다
> 삐걱거리는 한양호 부둣가 잇새 뜬 발판 위에는
> 정처 없는 갯눈발이 발등을 어루만지고

궁둥이가 맞닿은 매표소 귀퉁이에는
반쯤 기운 연탄난로가 가쁜 숨을 몰아쉬고 있었다

끝끝내 삼학도 앞바다에 뛰어들지 못한
목포는 삶의 벼리를 놓기보다는
먹물먹물 옹이 지는
맺힌 가락을 휘파람으로 꺾어 가기에
더 어울리는 땅끝

(…중략…)

바다 건너 고하도 갯바닥 운저리 한 묶음
홍어 썩는 냄새와 갯비린내 한 망태기를
허리춤에 꿰차고
막배를 타야 하는 도시의 화전민
파랑새 담배 연기 속에서
여객선은 용머리를 지나 뒤뚱거리는 몸짓으로
섬과 섬 사이
뻘파도 황량한 육지를 항해하기 시작했다

—「눈 내리는 목포항에서」 부분

누가 남도적 삶의 근본 동력을 갯벌, 황토가 상징하는 한과 민중적 생명력 및 맛과 멋의 정서, 그리고 대나무가 표상하는 저항 정신과 의기 또는 예술 정신이라고 적절하게 요약한 바 있었던가?

이 시에는 이러한 남도 정신이 함께 어우러지면서 고단한 이 시대의 삶을 이겨 나아가려는 삶의 풍정이 제시돼 있어서

주목을 환기한다. 말하자면 "먹물먹물 옹이 지는/ 맺힌 가락을 휘파람으로 꺾어 가기에/ 더 어울리는 땅끝" "홍어 썩는 냄새와 갯비린내 한 망태기를/ 허리춤에 꿰차고/ 막배를 타야 하는 도시의 화전민" "섬과 섬 사이/ 뻘파도 황량한 육지를 항해하기 시작했다"라는 구절들에서 볼 수 있듯이 고단한 삶의 난바다를 어기차게 헤쳐 나아가려는 민중적 생명력과 그 극복 의지가 잘 형상화돼 있는 것으로 판단되기 때문이다.

그렇다! 그의 시집에는 유독 '못한다/않았다/없다/잃다' 등의 부정 종지법과 '널브러진/끊어진/가파른/맺히다/신음하다/몸부림치다/허우적거리다' 라거나 '막배/땅끝/절벽/섬/화전민' 등의 하강 시어들이 많이 등장하여 관심을 환기한다. 그러면서도 "뻘파도 황량한 육지를 항해하기 시작했다"라는 결구처럼 뜨거운 극복 의지와 희망의 정신을 간직하고 현실과 생의 어려움을 이겨 나아가려는 의지가 꿈틀거리고 있는 점이 기본 특징으로 드러난다.

3. 바다 인생론 또는 소금의 시학

따라서 최영록의 시는 삶을 바다로 표상하여 그 속에서 흔들리며 위태로이 현실을 타개해 나아가는 모습을 집중적으로 형상화된다. 일컬어 이를 바다 인생론으로 불러 볼 수는 없을 것인가.

1
새벽을 끌어안고 잠든 아내의 얼굴에서
곰삭은 시간의 새우젓 냄새가
모락모락 피어오른다

천년 바윗돌 같은 날이 또 밝아 오는가
신우댓잎 사각사각 몸뚱이 일으키는 소리
거칠게 들썩이는 아내의 가슴팍에
돗바늘 자국이 꿈틀꿈틀 기어가는

2
여덟 쪽 누비이불을 여며 주고
새벽 골목 수로로 빈 배를 밀어 넣는다
흰 파도 떼가 철썩철썩 뱃전을 물어뜯는다

이곳이 대체 어느 바다의 북방한계선인가
뒤척이는 파도 높이는 오늘도 예측불허
돌풍은 수시로 몸을 바꾸는데

폭풍전야 이 한 세상
삐걱거리는 쪽배에 찢어진 돛을 올린다

—「항해일지」 전문

그의 시에는 여기저기 바다의 파도소리가 들려오면서 뻘 내음, 젓갈 내음이 물씬 풍겨 온다. 그리고 그 생의 난바다를 헤쳐 가는 사람들의 고단한 삶의 풍정을 제시한다.

이 시에서도 그렇지 아니한가? 삶을 "새벽 골목 수로로 빈

배를 밀어 넣는다/ 흰 파도 떼가 철썩철썩 뱃전을 물어뜯는다" "뒤척이는 파도 높이는 오늘도 예측불허/ 돌풍은 수시로 몸을 바꾸는데// 폭풍전야 이 한 세상"으로 묘파하고 있는 것이다. 또한 "삐걱거리는 쪽배에 찢어진 돛을 올린다"라는 결구처럼 수난과 역경 극복 과정으로서 생의 항해가 펼쳐지고 있음을 본다.

군더더기 하나 없는
하늘 바닷길에
촘촘한 저 해송 이 세상 풍경 아니다
모래톱 등성이마다
톱질하는 파도달빛이 이슥하다

먼 바다 진군해 온 어둠 사위 한입 물어 삼키고
바닷새 울음소리 접고
노을 한 자락 물어 와 둥지 틀고
온밤 내
파도갈퀴로
바다 밑바닥을 되질하네

—「파도의 고향을 찾아서」 전문

지금도 올망졸망 섬들이 풀씨처럼 널려 있겠지
신진도-가의도-단도-궁시도-난도-병풍도-석도-우배도-격렬비열도
시방도 간간이 등대 머리에 질펀한 파도 이랑 새겨 놓고 가는

물거울에 비친 날 한 달에 단 한 번 태안에서 두어 시간
뒤뚱거리는 낚싯배에 외로움이나 그리움들 옹기종기 모여
저마다의 매무새로 떠나온 곳과 가야 할 곳의 적재 단위만큼
망망하고 막막한 갯바람에 일렁인다

—「내가 섬이 되는 섬」 부분

따라서 최 시인의 인생 항해는 '바다—파도—섬—바람' 의 상관 관계 속에서 형성되고 전개된다. 삶이란 "폭풍전야 이한 세상/ 삐걱거리는 쪽배에 찢어진 돛을 올" 리는 일이면서, 동시에 "온밤 내/ 파도갈퀴로/ 바다 밑바닥을 되질하" 며 파도의 고향을 찾아가는 일이고, 그러기에 사람들은 인간의 바다에 떠서 "뒤뚱거리는 낚싯배에 외로움이나 그리움들 옹기종기 모여/ (…중략…)/ 망망하고 막막한 갯바람에 일렁" 이는 하나의 섬의 모습이다.

그만큼 삶이란, 인생이란 망망하고 막막한 바다 갯바람에 일렁이는 하나의 쪽배 또는 섬이 돼서 힘들고 고단하며, 고독하고 위태로이 살아가는, 살아갈 수밖에 없는 형상으로 인식되고 받아들여지는 것이다.

그러기에 시인에게 '소금' 은 삶의 온갖 희로애락애오욕이 제 무게에 못 이겨 굳어 가는 결정체로서 생명의 사리이자 목숨의 꽃으로서 상징성을 지닌다.

소금밭 소금꽃 제 무게에 못 이겨

사리로 굳어 간다
내 가슴에 소금간수로 가라앉은
당신이란 이름의 결정체
그토록 갈망했던 마음들이
소금밭 흰 꽃으로 맺혀 간다

이제 누구와 다시 이 바닷길을 건너가랴

유효기간이 끝나지 않은 그리움
삐걱거리는 수차의 바퀴살을 타고
구름 한 칸 슬지 않는 하늘그물에 갇힌다
아무리 내딛고 굴려 밟아도 늘 거기가 거기인 것을
제 살 불려 가는 얼얼한 슬픔의 그늘 탓일까
등짝을 꿰뚫고 소금꽃이 피어오를 때까지
맨발로 소금 바다를 헤매야 하는

—「소금 바닷길」 전문

아득하게 시린 삶을 데우는 소금인형
오, 부패한 영혼을 절이는 보석이여

—「소금화석」 전문

말하자면 삶이란 "유효기간이 끝나지 않은 그리움"과 "얼얼한 슬픔의 그늘" 속을 "등짝을 꿰뚫고 소금꽃이 피어오를 때까지/ 맨발로 소금 바다를 헤매야 하는" 소금 바닷길이라는 생의 비관적 인식이 짙게 깔려 있다는 뜻이다.

이러한 바다 인생론은 시 「소금화석」에서 그 절정을 꽃피

운다. 즉 인생이란 "아득하게 시린 삶을 데우는 소금인형" 이며, "오, 부패한 영혼을 절이는 보석" 으로서 제시된다. 다시 말해 소금을 생의 마지막 '사리' 이자 생명의 '꽃' 이라고 하는 소금의 보석화, 즉 생명의 가치화에 이르게 된다는 뜻이다. 실상 이러한 소금을 통한 생명의 사리화 또는 목숨의 가치화로 인해서 최영록 시가 나름대로의 빛과 향기를 획득해 감은 물론이다.

이 점에서 우리는 그의 시를 바다 인생론 또는 소금의 시학이라고 정리해 볼 수 있겠으며, 이에 대한 깊이 있는 탐구에서 앞으로 그의 시의 지평이 효과적으로 열려 갈 수 있다는 점을 강조하고자 한다.

4. 구멍 탐구와 평등한 삶을 향하여

시집에서 발견되는 또 다른 특징은 삶의 온갖 '구멍' 들에 대한 탐구가 지속적으로 나타난다는 점이다. 콧구멍 · 목구멍으로서의 숨구멍 즉 '들숨 날숨' 으로서 생명 자체가 그렇고, '나고 들며' '태어나고 죽어 가는' 일체의 행위가 바로 구멍에서 나와 구멍으로 돌아가는 일이라는 뜻이다.

무를 뽑아낸 자리 구멍 하나 캄캄하다
우주의 블랙홀인가
귀신고래 등짝 위를 솟구치는 블로홀인가

건빵에 나란히 찍히는 곰보 구멍 두 개
가오리연에는 없지만
방패연에만 뚫려 있는 속없는 저 구멍

왜 뚫려 있을까
어째서 거기만 푹 파였을까

혓바닥으로 후비고 싶은 도넛 구멍,
우표의 경계를 사열하는 점선 구멍,
온갖 구멍을 다 받아들이는
동네 목욕탕 동그래의자 발가벗은 구멍, 구멍들
난로 위에서 달그락 달그락거리다
송곳에 내리찍혀 숨죽이고 있는 저 주전자 구멍,

사형수들 목 빠지게 기다리는 올가미 구멍
250m/m 막장 속을 한사코 뚫고 나와
엄지발가락을 밀쳐 내는 양말 구멍
빈집 바람벽에 뚫려 있는 저 구멍, 구멍들은
세월의 쥐구멍인가 찍찍거리는 벽 구멍인가
내 인생은 온통 구멍 세상인가

—「세상의 작은 블랙홀들—구멍론 · 15」 전문

그렇다! 생명이란 어머니의 자궁이라는 구멍에서 나와 집과 성性의 구멍을 드나들다가 마침내 대지의 자궁으로서 무덤, 우주의 구멍으로서 카오스의 블랙홀로 되돌아가는 과정이 아니겠는가? 또한 목숨 자체가 숨구멍을 드나드는 들숨 날숨의 반복 과정이고, 생명 또한 목구멍과 아래 구멍을 들고 나는 신진대사의 과정 그것이 아니겠는가 말이다.

그렇게 보면 삶이란 결국 온갖 구멍을 드나들고 생성과 소멸을 되풀이하는 과정이 아닐 수 없겠다. 그러기에 구멍은 생명이 생성되는 우주 생성의 블랙홀이기도 하며 생명이 소멸해 가는 죽음의 블랙홀이기도 하다. 또한 구멍은 존재의 거소이자 생명의 통로이고 욕망의 분출구이자 해방구이기도 할 것이 분명하다. 말하자면 구멍은 생성의 공간이자 통로이고 소멸과 죽음의 블랙홀로서 양면성, 포괄성을 지니는 것이다. 그러기에 구멍은 우주—생성의 블랙홀이기도 하고 "사형수들 목 빠지게 기다리는 올가미 구멍", 즉 죽음과 소멸의 공간이기도 한 것이다.

말하자면 삶이란, 목숨이란 "내 인생은 온통 구멍 세상인가"라는 결구에서 볼 수 있듯이 구멍에서 나와 무수한 구멍들을 통과하며 생성과 소멸을 되풀이하다 마침내 죽음, 무덤이라는 우주의 블랙홀로 돌아가는 근원적 존재 양상을 지닌다는 뜻이다.

① 내 삶을 들끓게 하는 저 빽빽한 생의 동굴 속에
가쁜 숨을 헐떡이며 푸욱 밀어 넣는다
아! 짧은 탄성
긴 놈 짧은 놈 굵은 놈 가는 놈
배암 대가리 휘두르며 곧추세워
갈라진 무딘 삽날로
손길 닿지 않는 깊이의 막장까지 후벼 돌린다
산다는 게 하루치를 우려먹는 일인데

아침부터 부르튼 발바닥 사이로 이우는 저녁까지
음습한 동굴 속에 처박고 탁발한다
더 깊이 내질러라 삽날이 휘어지도록
다시 불뚝 세워라 풀죽은 저놈의 뱀
캄캄한 미로 속으로 들어가 오랜 불면의 밤을 밝히고
불끈불끈 세워야만 독야청청 살아남을 수 있나니

컨베이어 벨트 위에 한 생애를 부린 구멍 난 장갑
이윽고 손가락식솔 밀쳐내고 하루의 허물을 벗는다

―「그리운 지옥―구멍론 · 2」 전문

② 돌고 도는 돈이기에
오늘도 세상을 돌리고 있다
부자가 거지 되고 가난뱅이 졸부 되고
엽전의 톱날에 몸피 잘리지 않는 자 그 누구인가

하늘 본뜬 둘레
땅을 본뜬 네모난 구멍

너무 많게도 말고 너무 적지도 않게
평준을
유지하라는

상평常平의 교훈!

―「만약 엽전에 구멍이 없다면―구멍론 · 17」 전문

이 두 편의 시에는 구멍의 시학이 더 직접적, 구체적으로 제시되어 관심을 환기한다. 한마디로 요약해서 그것은 '생의 동굴' '뱀의 대가리' 로 상징되는 성性 상징이고, 또 다른 하나는 상평통보 즉 엽전의 구멍으로 표상되는 평등의 철학이라고 할 수 있겠다.

먼저 시 ①은 구멍과 뱀을 통한 성충동과 욕망의 꿈틀거림 및 그 해소를 지시한다. "내 삶을 들끓게 하는 저 빽빽한 생의 동굴 속에/ 가쁜 숨을 헐떡이며 푸욱 밀어 넣는다/ 아! 짧은 탄성" 이라든지 "다시 불뚝 세워라 풀죽은 저놈의 뱀/ 캄캄한 미로 속으로 들어가 오랜 불면의 밤을 밝히고/ 불끈불끈 세워야만 독야청청 살아남을 수 있나니" 라는 구절들이 그것이다. 성충동과 성행위를 통해 팽창과 수축, 생성과 소멸, 충만과 위축이라는 생명의 원리, 인생의 법칙을 환기해 내고 있는 것으로 해석되기 때문이다.

시 ②는 상평통보의 뚫린 구멍을 통해 나고 드는 사물의 원리, 생산과 소비, 충만과 소멸의 현실 법칙, 인생 원리, 역사 원리를 설명해 내고 있는 것이다. 특히 '돌고 도는 돈' 으로서 돈의 원리 및 "너무 많게도 말고 너무 적지도 않게/ 평준을/ 유지하라는// 상평의 교훈!" 이라는 평등의 철학 또는 중용의 시학으로서 만물과 세상, 생명과 인간의 이치를 제시한 것은 모든 인간, 사물이 '구멍' 앞에서 평등하며, 평등해야 한다는 구멍의 철학을 제시한 것이라는 점에서 의미를 지닌다.

실상 생명의 구멍 찾아가기에서 목숨의 구멍 뚫기, 구멍 메우기라는 상평의 원리로서 구멍 철학이 인생의 법칙이자 원리가 아닐 수 없다는 점에서 이 구멍 시학의 의미가 드러난다.

5. 활쏘기 또는 시 쓰기의 의미

한편 시집에는 활쏘기의 상징이 여러 차례 반복적으로 제시됨으로써 내밀한 시적 깊이와 밀도를 강화해 준다.

① 1
만작滿酌으로 뒤집어져야
멀리 날아가는 활대의 통증

바람으로 조였다 풀어내는 찰나의 빈틈을 본다

절정에 이를 때까지
잡아당기는 세상의 닻줄

2
허리춤서 빼낸 화살 오늬
끼운다 시위 절피에

태산을 밀어내고 범 꼬리를 당기듯이

과녁과 하나 되는 몸
억장 시름 관중貫中으로 날려 보낸다

—「활을 쏘다」 전문

② 순간이 온통 파도로 밀리는 여명
발 디딤 몸가짐 살 먹이기 들어올리기
각궁角弓에 불화살 한 순 재어

석자 다섯 치 매운 시위를 당겼다

손돌바람이 조이는 대로
난세상 기우뚱거리는 관중貫中을 향해
죄도 없이 죄지어 더욱 숨 가쁜
각지 떠나 비로소 참살이로 완성되는
저 찰나의 살죽비 소리

시심矢心이 시심詩心을 쏜다

—「관중貫中을 위하여」 전문

활을 쏜다는 것, 아니 활을 쏘아 과녁에 명중시키고자 한다는 것은 무엇을 뜻하는가? 활을 쏜다는 것 그것은 무언가 뜻하는 바, 목적하는 바를 향해 집중, 전진해 간다는 것이 아니겠는가? 더구나 관중, 즉 과녁을 정통으로 꿰뚫는다는 것은 그냥 활쏘기를 넘어서 하고자 하는 일에 온 정신을 모아 전심전력 정곡을 찌름으로써 사물 또는 사태의 핵심에 도달하려는 치열한 노력 또는 절정의 안간힘을 의미하는 게 아니겠는가?

그렇다면 시인에게 있이 그것은 무엇을 뜻하는 것일까. 말 그대로 그것은 시를 쓰는 일에 온 정성을 기울이고 있으며 앞으로도 기울이겠다는 것이며, 더구나 좋은 시, 감동을 주는 시를 써 나아감으로써 훌륭한 시인이 되겠다는 열망과 의지, 바로 그것을 의미하는 일이 아닐 수 없으리라.

시 ①에서 그러한 노력이 “멀리 날아가는 활대의 통증”으로 나타나며, “바람으로 조였다 풀어내는 찰나의 빈틈”을 보는 일로 제시된다. 아울러 “절정에 이를 때까지/ 잡아당기는 세상의 닻줄” 또는 “태산을 밀어내고 범 꼬리를 당기”는 행위로 표상되기도 한다. 무엇보다 “과녁과 하나 되는 몸/ 억장 시름 관중으로 날려 보낸다”와 같이 활을 쏘는 행위, 시를 쓰는 행위를 통해서 실존의 어려움을 극복하고 존재의 초월을 이루어 내려는 안간힘을 의미하는 것으로 해석할 수도 있다.

시 ②에서 그것은 더욱 요약적, 핵심적으로 제시된다. 활을 쏘는 행위, 시를 쓰는 행위란 “죄도 없이 죄지어 더욱 숨 가쁜/ 각지 떠나 비로소 참살이로 완성되는/ 저 찰나의 살죽비 소리”와 같이 삶을 더욱 높은 곳, 참된 것으로 이끌어 주는 죽비 소리와 같은 것으로 받아들여지는 것이다.

무엇보다도 그것은 “시심矢心이 시심詩心을 쏜다”라는 결구에 집약되어 제시된다. 활을 쏘는 마음, 과녁에 명중하려는 관중에의 의지는 바로 시를 쓰되 그것의 핵심이라 할 인간의 진정성, 성실성, 치열성, 일관성을 획득함으로써 ‘참살이’로서 진정한 인간에의 길, 바람직한 정신에의 길로 나아가겠다는 정신과 의지를 반영한 것으로 해석되기 때문이다. 또한 그러한 활쏘기로서 시 쓰기는 ‘억장 시름’을 날려 보낼 수 있는 존재의 극복 의지이고 초월에의 길이기에 그것은 인간적인 너무나 인간적인 노력의 반영이며 동시에 절대자, 창조자로서 신의 음성에 근접하는 길이기에 인류의 영위 중에서 가장 죄 없고 가치 있는 일에 해당하는 것이 분명하다.

6. 불안 또는 희망의 삶을 위하여

근본적으로 최영록 시가 다루고 있는 것은 육체를 지닌 인간의 삶, 현실을 헤쳐 가는 인생의 어려움이라는 큰 주제다. 가난과 그로 인한 고단함과 힘겨움이 시인의 삶을 지배해 온 연유가 아닐까 한다.

> 정기적 수입 : 1) 택시 운전, 닭튀김 장사, 액세서리 노점=180만 원
> 2) 마누라 식당 아르바이트, 화장실 청소=110만 원
> 정기적 지출 : 1) 월세=30만 원 2) 통신비=15만 원 3) 3자매 급식비, 교통비, 용돈=70만 원 4) 큰딸 독서실비, 막내 학원비=35만 원 5) 다섯 식구 식비=135만 원
> 손익계산서 : 1) 수입 290만 원
> 2) 지출 285만 원
> 3) 잔액 5만 원

가난의 굴레는 너럭바위에 누워 있다
해거름 참에 나가지만 새벽 4시도 어림없다
밤새껏 택시 안에서 대구 충주 전주를 오르명 내리명
페트병에 몸통 가득 부글거리는 분노를 쏟아 낸다

(…중략…)

변두리로 내몰려 한두 평 자투리땅 찾아

건들 모가지 내밀고 피어오른 질경이꽃
몰려드는 부나비들에게 몸뚱어리 펼쳐주고
종당에 가릴 것 없는 마음둘레 모두 벗어
적자투성이 손익계산서 바람이불로 덮는다

—「민생투어 가계부」 부분

시집의 많은 시편들은 한과 슬픔, 소외와 울분을 다룸으로써 삶의 고단함과 힘겨움을 지속적으로 표출하고 있다. 그러면서도 시의 화자는 "종당에 가릴 깃 없는 마음둘레 모두 벗어/ 적자투성이 손익계산서 바람이불로 덮는다" 와 같이 삶이 근원적인 면에서 고독과 허무, 불안과 적막이라는 점을 스스로 긍정하게 됨으로써 새로운 희망의 모티브를 마련해 간다.

1
꼭두새벽 매함지 사이 두고
들린다 내 삶의 맷돌짝 갈리는 소리

아래짝 숫돌 맷돌중쇠
위짝 구멍 속에 치켜 박고

해거름 다 질 때까지
드르륵드르륵
모진 가난의 함지박을 갈아 내는 저 소리

2
주린 배로 닳고 닳은 매통 이빨

시름으로 쪼아 날 세우고

윗돌 암쇠 아가리 속 벌리고
설움의 두렁콩 한 줌 넣고 돌린다 어처구니로

지나던 매죄료장수
천 근 발길 돌려
헐거운 세상 풀매 옥죄고 간다

—「세상 가난을 맷돌에 갈고 싶다」 전문

이 시에는 온갖 불안과 두려움, 설움과 간난 속에서도 그것들을 극복하고 위안의 삶, 희망의 세계로 나아가고자 하는 안타까운 소망과 안간힘이 담겨 있는 것으로 이해된다. "꼭두새벽 매함지 사이 두고/ 들린다 내 삶의 맷돌짝 갈리는 소리" 속에는 그러한 삶의 불안과 간난, 고달픔을 이겨 내고 긍정과 희망의 나라로 나아가고자 하는 안간힘이 담겨 있는 것으로 해석되기 때문이다.

실상 "지나던 매죄료장수/ 천 근 발길 돌려/ 헐거운 세상 풀매 옥죄고 간다"라는 결구는 바로 이러한 고통과 절망의 세상사에서 희망과 긍정의 모티브를 발견함으로써 생의 초극을 이루고자 하는 향상의 의지가 발현되고 있음은 물론이다.

이제 최영록 시인은 그러한 삶의 근원적 고독과 허무, 불안과 위기, 적막과 우수의 내질을 더욱 깊이 천착해 들어감으로써 진정한 삶의 의미와 보람을 찾아내고, 스스로의 생을 가치

화해야 하는 운명의 시간, 결정의 시간에 접어들고 있는 것으로 판단된다.

시인의 분발과 정진을 기대한다.